品 读 安 徽 文 化 丛 书

邮票里的安徽

本书编委会　编

总 主 编　叶文成
本册主编　赵　斌

黄 山 书 社

编者的话

安徽物华天宝，地灵人杰，勤劳、勇敢、智慧的江淮儿女在中华民族发展史上创造了物质精神两大文明的辉煌，作出了宝贵贡献。为使更多同志、朋友了解安徽、认识安徽，激励广大干部群众加快推进五大发展美好安徽建设，我们组织编写了品读安徽文化丛书。该丛书包括《邮票里的安徽》《课本里的安徽》《诗歌里的安徽》《散文里的安徽》《小说里的安徽》《歌曲里的安徽》《新闻里的安徽》《非遗里的安徽》等，共八册。丛书选编内容注重各个历史时期的代表性，坚持思想性艺术性相统一，力求既体现积极健康的精神追求，又具有较高的艺术欣赏价值。相信本套丛书的出版、发行，对提升干部群众的文化自信、加快建设现代化五大发展美好安徽将产生积极的作用和影响。

品读安徽文化丛书的编写、出版，得到了省委宣传部及有关单位的指导和大力支持，在此一并表示深切感谢。

2017 年 9 月 21 日

目 录

风景名胜

时代风云

名士俊杰

科技人文

奇珍物产

风景名胜

名山魁首属黄山

黄山，是中国人的骄傲，更是安徽人的骄傲。

黄山地跨歙县、黟县、休宁和黄山区、徽州区。古时黄山附近的少数民族山越人称黄山为“天子都”。秦时因山上石头既多且黑而被称为黟山；后传说黄帝曾在此地炼丹，唐玄宗于天宝六载（747）下诏更名为“黄山”。

黄山南北长约40千米，东西宽约30千米，其中核心风景区160.6平方千米，以“奇松、怪石、云海、温泉”四绝闻名于世。黄山集中了国内各大名山优点，如泰岱之雄伟、华山之险峻、衡岳之烟云、匡庐之飞瀑、峨眉之清凉、雁荡之巧石……明代旅行家徐霞客曾两登黄山，发出赞言说：“薄海内外无如徽之黄山，登黄山天下无山，观止矣！”后人据此归纳出了“五岳归来不看山，黄山归来不看岳”的名句。陈毅元帅则把黄山誉为“天下第一山”。

黄山有七十二峰，莲花峰、光明顶和天都峰为三大主峰。莲花峰海拔1864.8米，主峰突出，小峰簇拥，似一朵朝天盛开的莲花。李白有诗曰：“黄山四千仞，三十二莲峰。丹崖夹石柱，菡萏金芙蓉。”天都峰海拔1810米，传说是群仙所都的天上都会，故名。光明顶海拔1860米，形态如一只倒扣的钵头，顶上秋水银河，长空一色，是观日出和云海的最佳处。著名的奇峰怪石还有金鸡叫天门、松鼠叫天都、石猴观海、梦笔生花、仙人指路、关公挡曹等，莫不惟妙惟肖，巧夺天工。梦笔生花位于笔锋山上，下圆上尖，如一枝斗笔，峰尖石缝中长有一株盘旋曲折的古松，峰下有一块睡卧巨石，因此得名“梦笔生花”。

黄山松生长在悬崖峭壁中，是由黄山独特的地貌、气候而形成的中国松树的一种变体，形态千姿百态，树龄百年以上的数以万计。徐霞客在《游黄山日记》中有多处关于黄山松的内容：“绝巘危崖，尽皆怪松悬结。高者不盈丈，低仅数寸，平顶短髲，盘根虬干，愈短愈老，愈小愈奇，不意奇山中又有此奇品也！”在接引崖，“坞半一峰突起，上有一松裂石而出，巨干高不及二尺，而斜拖曲结，蟠翠三丈余，其根穿石上下，几与峰等，所谓‘扰龙松’是也。”黄山有“十大名松”，最著名的是位于玉屏楼处的迎客松，它倚壁而长，长枝均伸向一面，好似好客的主人伸手迎接来客一般，被视为中国人热情好客的象征。

黄山云海银浪滔天，缥缈涌腾，形成浩瀚无垠的奇观，有东海、西海、后海之说。郭沫若在《黄山之歌》中写道：“森罗万象难比拟，纵有比拟徒费辞。瞬息万变万万变，忽隐忽现，或浓或淡，胜似梦境之迷离。”徐霞客在天都峰上看到的云海是“雾气去来无定，下盼诸峰，时出为碧峤，时没为银海”。黄山云海变化无常，云雾缭绕时，诸峰如海中孤岛，云开雾散时，眼前豁然开朗，给人以妙不可言之感。

黄山温泉古名“汤泉”“汤池”，也叫“朱砂泉”“灵泉”，位于黄山紫云峰下逍遥溪冰川幽谷北面，其味甘美，可浴可饮，有益健康。传说黄帝服用仙丹后，在此泉中沐浴浸泡了七七四十九天，脱胎换骨，返老还童，乘龙升天而去。唐代诗人李白曾说：“归休白鹅岭，渴饮丹砂井。”贾岛则有《纪温泉》一诗：“一濯三沐发，六凿还希夷。伐马返骨髓，发白令人黟。”

黄山风景如画，引无数文人墨客尽折腰。唐代李白、贾岛、杜荀鹤，宋代范成大，明代袁中道、徐霞客、钱谦益，清代施闰章、刘大櫆、袁枚，近代郭沫若等在此留下了大量的名诗佳句；而明清的渐江、梅清、石涛，近代的黄宾虹、张大千、刘海粟、关山月、李可染、吴作人等人则以画笔描绘了黄山的神韵。

1982 年，黄山成为我国首批 44 处国家重点风景名胜区之一；1990 年，又以世界文化遗产和自然遗产的双重身份被联合国教科文组织列入《世界遗产名录》。

在我国的名山大川中，只有黄山享有发行成套专题邮票、风光邮资片、普通邮资片各 2 次，7 次发行题材邮票（邮资片）的殊荣。

发行于 1963 年 10 月 15 日的特 57《黄山风景》特种邮票是我国发行的第 1 套风光邮票，全套 16 枚，创下了迄今为止枚数最多风光邮票的记录（图 1–1.1）。邮票设计者为我国著名邮票设计家孙传哲先生，他以饱满的激情，浓墨重彩地表现了黄山的雄姿风韵。16 枚邮票分别是“玉屏峰”“迎客松”“后海松石”“清凉台”“天都远眺”“剪刀峰”“万松林”“梦笔生花”“莲花峰”“西海云潮”“黄山古松”“东海观潮”“石笋峰”“石猴观海”“狮子林”“蓬莱三岛”。1997 年 10 月 20 日，我国发行 1997–16《黄山》特种邮票一套 8 枚（图 1–1.2），采用小版张的形式，再现了黄山朝晖、西海群峰、云涌飞石、云漫北海、秀吞玉屏、梦笔生花、云上天都、蓬莱仙岛等景色，邮票设计者为安徽省著名版画家师松龄先生。

YP2《黄山风景》风光邮资片发行于 1986 年 5 月 1 日，分为国内邮资、国际航空邮资 2 组各 10 枚（图 1–1.3）：“迎客松”“天门云梯”“梦笔生花”“九龙峰”“石笋雨霁”“莲花峰”“双剪峰”“清凉台”“石猴观海”“飞来石”。YP15《黄山风光》风光邮资片发行于 1994 年 11 月 4 日，分为国内邮资、国际航空邮资 2 组各 10 枚（图 1–1.4）：“黄山观云”“黄山飞来石”“黄山北海宾馆”“黄山石猴观海”“黄山落日送客”“黄山群山青松”“黄山天上玉屏”“黄山雪松”“黄山万壑松云”“黄山仙女峰”。

2000 年 3 月 7 日发行 PP20《黄山松》普通邮资明信片 1 枚（图 1–1.5）；2001 年 6 月 28 日发行 PP34《迎客松》普通邮资明信片 1 枚（图 1–1.6）。后因邮资调整，又再次发行 80 分面值的邮资片各 1 枚。

图 1-1.1

中国邮政 1981 年 9 月 1 日发行普 21《祖国风光》普通邮票一套 17 枚，17-17 为“黄山”，图案为梦笔生花（图 1-1.7）；1980 年 10 月 8 日发行 J60《联合国教科文组织中国绘画艺术展览纪念》

黄 山
22e CONGRES UPU – BEIJING 1999
第22届万国邮政联盟大会暨中国1999世界集邮展览
中国邮政
CHINA
200分

图 1-1.2

图 1-1.3

图 1-1.4

中国邮政明信片
Postcard
The People's Republic of China
中国邮政 CHINA
60
国家邮政局发行
Issued by the State Postal Bureau
邮政编码

图 1-1.5

图 1-1.6

纪念邮票一套 3 枚，3-1 为刘海粟的“黄山云海奇观”，图案为黄山北海，正前方为景点十八罗汉朝南海（图 1-1.8）；1997 年 3 月 14 日发行 1997-4《潘天寿作品选》特种邮票一套 6 枚，6-1 为“黄山松图”，图案为黄山接引松（图 1-1.9）；2014 年 9 月 13 日发行 2014-20《长江》特种邮票一套 9 枚，9-6 为“黄山独秀”，图案表现了莲花峰、天都峰、迎客松和梦笔生花等景点（图 1-1.10）；1999 年 11 月 1 日发行 JHP2000 贺年有奖明信片一套 4 枚，4-3 为“黄

图 1-1.7

图 1-1.8

图 1-1.9

图 1-1.10

山”（图 1–1.11）。

另外还有 2 枚不太为人所知的与黄山有关的邮票：发行于 1981 年 3 月 31 日 T61《盆景艺术》邮票一套 6 枚中的第 2 枚“圆柏”、第 4 枚“桧柏”（图 1–1.12）。邮票中两盆树桩盆景的原料是浙江温州园林处的胡乐国 1970 年在黄山采集到的，经过近 10 年培育，于 1979 年入选在北京举办的全国盆景展，进而入选这套邮票。

2003 年 11 月 25 日，中国香港邮政发行《世界遗产——中国名胜古迹》邮票一套 5 枚，第 4 枚为“黄山”，图案由蓬莱三岛、双剪峰和西海群峰组合而成（图 1–1.13）。

图 1–1.11

图 1–1.12

图 1–1.13

莲花佛国九华山

九华山位于青阳县西南部，为黄山的支脉，地势中间高四周低，共有九十九峰，其中以天台峰、天主峰、十王峰、莲花峰、独秀峰、罗汉峰、五老峰、伏虎峰、芙蓉峰等九峰为主，故曾被称为九子山。唐天宝年间，李白来秋浦（今贵池）游览，写下了“昔在九江上，遥望九华峰。天河挂绿水，绣出九芙蓉”“妙有分二气，灵山开九华”等诗句。人们由此将此山改称为九华山。

九华山是与山西五台山、浙江普陀山和四川峨眉山并列的我国四大佛教名山，因唐代名僧金乔觉而著名。他是古新罗国（今韩国东南部）王室族人，早年来唐朝学习汉族文化，接触佛教后一心向佛，回国后削发为僧。24 岁那年，金乔觉重返大唐，几经辗转，来到了九华山，在此修行。山下绅士诸葛节等人感其虔诚，发动乡亲捐资，为他兴建了化城寺。唐贞元十年（794），98 岁的金乔觉圆寂于九华山。3 年后开视，肉身“颜面如生，兜罗手软，罗节有声，如撼金锁”，僧人们认为他是地藏菩萨化身，将他的肉身供于石塔中，尊为“金地藏”，后来又在塔旁配以殿宇，称肉身殿。从此，九华山成为地藏菩萨的道场，香火旺盛，延绵不绝，享有“莲花佛国”之称。

九华山地处江南，有“东南第一山”的美称。山中奇峰怪石、潭谷洞府、古树泉瀑、绿竹鲜花，景色秀丽；著名景观有天台晓日、桃岩瀑布、舒潭印月、九子泉声、莲峰云海、平冈积雪、东岩宴坐、天柱仙迹、化城晚钟、五溪山色，称为“九华十景”。

天台峰为九华山第二高峰，海拔 1325 米。因天台是教徒朝拜地藏“圣迹”之所在，一般视其为九华山主峰，是俯瞰九华全景、观览云海日出的最佳处。

作为佛教圣地，九华山上寺庙林立，香火缭绕。这里的寺庙大多依山而建，错落有致，气势不凡。化城寺是九华山的开山祖寺，位于九华山中心，东有东崖、南有芙蓉峰、西有神光岭、北有白云山，群山环绕如城，是地藏菩萨应化道场。寺中有清光绪年间所铸铜钟一尊，音质洪亮，每当夕阳西下之时，寺中僧人以钟声为号，诵佛念经。肉身殿俗称肉身塔，在九华山神光岭，据说殿下葬有金地藏的肉身，始建于唐代，明万历年皇帝赐名“护国肉身宝塔”，现存宫殿式建筑为清同治年间重建。百岁宫又名万年禅寺，建于九华山摩空岭上，整体建筑始建于明代；大殿建于悬崖之上，巍峨险峻，寺崖完美结合，融为一体。明万历年间，河北高僧海玉（字无瑕）由五台山来此，寿逾百岁，时人慕称“百岁公”。海玉圆寂3年后肉身不腐，人们用金粉涂饰做成金身加以供奉，并建宫纪念，明崇祯皇帝封其为“应身菩萨”，赐“百岁宫”名。祇园寺在化城寺东北，始建于明嘉靖年间，是九华山规模最大的寺院，也是九华山宫殿式寺庙的鼻祖。其他著名的寺庙还有上禅堂、慧居寺、圆通寺、甘露寺、天台寺等。

九华山的许多自然景观也被附以佛教色彩。在天台峰西，拜经台寺后，有一高30余米的巨石伏贴于悬崖之上，翅膀分明，状如大鹏。传说金地藏在此诵经，大鹏飞来聆听而感化为石，人们称之为“大鹏听经石”。而位于闵园回龙桥东北的一棵古松高7.68米，胸径1米，主干上分为一高一低两大枝片，似凤凰展翅，故名凤凰松。凤凰松史载见于南北朝，据说是神僧杯渡所植，距今已1400余年，当代艺术大师李可染誉之为“天下第一奇松”。关于它也有一则美丽的传说：某年大旱，一只金凤凰从蓬莱岛飞来，每天为树浇水，给朝山的香客送茶。一天凌晨，当她起飞担水时，正赶上佛祖布经法坛，于是被佛光照拂，留下了展翅欲飞的永恒英姿。

中国邮政1995年10月9日发行《九华胜景》特种邮票一套6枚（图1–2.1），分别是“天台晨曦”“百岁禅宫”“肉身宝殿”“祇园夕照”“大鹏听经”和“凤凰古松”，由安徽省著名版画家朱曙征先生设计，曾荣获当年度“全国最佳邮票奖”；2001年9月12

图1–2.1

日发行 PP2001-14《九华山凤凰松》普通邮资明信片一套 1 枚（图 1-2.2）；2000 年 4 月 22 日发行的 FP12《安徽风光》风光邮资明信片封套则展现了九华山天台正顶雪后美景（图 1-2.3）。

图 1-2.2

图 1-2.3

道教圣地齐云山

齐云山位于休宁县境内，由齐云、白岳、岐山、万寿等九座山峰组成，古称白岳，因“一石插天，与云并齐”而于明嘉靖年间改名为齐云山。历史上有“黄山白岳甲江南”之称，与黄山、九华山并称为皖南三大名山。

齐云山最高海拔 585 米，面积 110 平方千米，属低山山岳风景区，分为月华街、楼上楼和云岩湖三大游览区。以独特的丹霞地貌、丰富的道教文化、众多的摩崖石刻、秀丽的自然风光而成为特色鲜明的游览胜地，清乾隆皇帝赞誉齐云山为“天下无双胜境，江南第一名山”。

齐云山的地质构成为层积砂岩，赤如朱砂，灿若红霞，使得这里的峰、岩、洞、石都宛如仙宫一般，因此很早就被道士所相中，成为他们的道场。流经于此的横江把南北景区分为呈“S”形的两大部分，构成了天然的阴阳太极图，此景在国内罕见，可见古时道士选址之妙，也体现了道教“天地合一”“回归自然”的思想。

齐云山有三十六奇峰、七十二怪崖，遍布奇峰怪石，其中最具特色的是天桥岩石，桥长 90 余米，桥穹跨度 32 米，宽 8 米，穹高 26 米，为天生石桥，堪称“天下一绝”。而五老峰也很有趣，远望犹如五位老态龙钟的老人并肩而立，神态各俱。廊岩为齐云山最高峰，屹立于真武观后。位于独耸岩上的方腊寨，是为了纪念北宋农民起义军领袖方腊而命名的。它地势险要，一夫当关，万夫莫开，是旅游探险的好地方。全山石刻很多，几乎峰峰有题词、洞洞有铭刻，现存最早的是齐云崖上、出自宋代翰林程秘之手的“齐崖”二字。

齐云山是道教圣地，道教兴盛超过佛教，与江西龙虎山、湖北武当山、四川青城山并称为中国道教四大名山。唐乾元年间（758—760），道士龚栖霞云游至此，隐居山中天门岩。南宋宝庆年间（1225—1227），道士余道元入山修炼，在齐云岩建佑圣真武祠，到明嘉靖至万历年间，香火尤盛。时有宫、观、殿、院、馆、楼、阁、亭、台等大小建筑108处，仿武当山建制，规模宏大，故有“江南小武当”之称。后因年久失修及兵火不断，许多建筑相继被毁，现存宫观殿宇及亭台楼阁十余处，均为近年重修。始建于唐元和四年（809）的石门寺内有数以千计的历代雕刻石像、道家绘画和碑刻，其中最有名的一块石碑高7.6米、宽1.4米，文为明代书画家唐寅所撰、字为书法家汪肇所书、碑为雕刻名家戴炼所刻，故有“三绝碑”之美名。

齐云山是历代文人墨客汇集之处，李白、朱熹、唐寅、海瑞、戚继光、徐霞客、袁枚、郁达夫等历代名人学士都在这里留下了佳作名句，成为珍贵的历史文化遗产。

中国邮政2000年4月22日发行FP12《安徽风光》风光邮资片一套10枚，10-1为“齐云山”（图1-3）。

图1-3

古封南岳天柱山

天柱山位于潜山县及岳西县境内，因主峰天柱峰如柱擎天而得名，是国家级重点风景名胜区和国家级森林公园，系花岗岩为主的山岳型风景区，以雄、奇、灵、秀著称于世，主峰海拔1488米，为江淮地区最高山峰，故有“江淮第一山”之誉，2011年成为世界地质公园。

天柱山古称潜山、皖山、霍山。周武王封皖伯于此建皖国，故名皖山、皖公山，而安徽简称“皖”也源于此。西汉元封五年（前106），汉武帝南巡至此，在山下设坛祭岳封禅，封号“南岳”。后隋文帝改封湖南衡山为南岳，天柱山“南岳”尊号遂废。

天柱山全山遍布奇峰、怪石、洞穴和飞瀑等自然景观，计有四十二峰、十八岭、二十五洞、七关寨、三川、二堰、二河、二塔、二寺观。400多块摩崖石刻是其最壮观的人文景观，它们与古松巨石、悬崖飞瀑、名刹古塔一起构成了引人入胜的美妙绝境。天柱峰孤峰突起，正面崖壁上横书“孤立擎霄”“中天一柱”八个大字，“顶天立地”四个大字直书其下，雄伟瑰奇，气势非凡。唐代诗人白居易诗曰：“天柱一峰擎日月，洞门千仞锁云雷。”与其相峙的飞来峰为天柱山第二高峰，峰顶巨石犹如天外飞来，谓之“飞来石”。

天柱山是儒、释、道三教荟萃之地，在全国各大名山中，为道教第十四洞天、第五十七福地。东汉末年，左慈、葛洪于山中修道炼丹。梁武帝时，白鹤道人与宝志禅师各据一山筑寺建宫，一传佛法，一扬道教。隋时，禅宗三祖僧璨来此弘法教学，大开禅宗之风，僧侣信士纷至沓来，禅宗从此成为汉传佛教中最具中国特色的宗派之一。诗人李白很是向往天柱山，天宝七载（748），他由金陵溯江而上，以“待吾还丹成，投迹归此地”的诗句，表达了把天柱山作为自己归宿之地的愿望。位于山南的三祖寺为禅宗著名古刹，为宝志禅师所创，梁武帝赐名山谷寺，已有1500多年历史。后因禅宗三祖僧璨在此讲学，传衣钵给四祖道信，而得名三祖寺。

距三祖寺东不远处有汉武帝封禅拜岳台遗址。西侧有石牛洞，大石如牛眠，石上有天然二蹄迹。北宋政治家、诗人王安石任舒州通判时，常来此饮酒赋诗，写下诗作《题舒州山谷寺石牛洞泉穴》：“水泠泠而北出，山靡靡以旁围。欲穷源而不得，竟怅望以空归。”北宋诗人黄庭坚曾在此搭屋读书，自号山谷道人，为王安石诗作和诗一首云：“司命无心播物，祖师有记传衣。白云横而不度，高鸟倦而犹飞。”王安石对前作颇为满意，晚年时又依前韵作诗一首：“水无心而宛转，山有色而环围。穷幽深而不尽，坐石上以忘归。”这几首诗皆留于三祖寺西侧的山谷流泉摩崖石刻群中。该石刻群现存历代达官名宦、文人墨客诗文石刻400多处，为珍贵的文化遗产。现代作家张恨水生于天柱山下的潜山，自号天柱山樵，常将天柱山

图 1-4.1

作为作品的背景。1981 年，时任中国佛教协会会长的赵朴初先生也作诗一首和王安石：“汲尽泠泠江水，冲开靡靡山围。三祖道场重现，千花满载而归。”

中国邮政 2006 年 4 月 22 日发行 2006-9《天柱山》特种邮票一套 4 枚，分别是“青龙探海”“炼丹苍烟”“三祖禅林”和“擎天一柱”（图 1-4.1）；2007 年 5 月 18 日发行 PP2007-5《天柱山天柱峰》普通邮资明信片一套 1 枚（图 1-4.2）。

图 1-4.2

江南诗山敬亭山

敬亭山位于宣城市区北郊，原名昭亭山，晋初为避司马昭帝讳，改名敬亭山，属黄山支脉，东西绵亘十余里，有大小山峰60座，山间云雾缭绕、茂林修竹、松涛阵阵、溪水潺潺，景色秀丽。虽然主峰一峰海拔仅317米，但正如人们常说的“山不在高，有仙则名”，这里的仙就是历代来此游览的诗人们。

早在南齐时，诗人谢朓在政治上受排挤，由中书郎出为宣城太守，写下了《游敬亭山》：“兹山亘百里，合沓与云齐。隐沦既已托，灵异居然栖。上干蔽白日，下属带回溪。交藤荒且蔓，樛枝耸复低。独鹤方朝唳，饥鼯此夜啼。渫云已漫漫，夕雨亦凄凄。我行虽纡组，兼得寻幽蹊。缘源殊未极，归径窅如迷。要欲追奇趣，即此陵丹梯。皇恩竟已矣，兹理庶无睽。”后人取诗意，在山上翠云庵前筑云齐阁，八方游人纷至沓来，在此饮酒赋诗。

让敬亭山名声更大的当属唐代诗人李白。他受谢朓影响，曾七次游历宣城，在敬亭山上登高望远，流连忘返，留下多首诗篇，如《秋登宣城谢朓北楼》：“江城如画里，山晚望晴空。两水夹明镜，双桥落彩虹。人烟寒橘柚，秋色老梧桐。谁念北楼上，临风怀谢公。”描写敬亭山的有“我家敬亭山，辄继谢公作”(《游敬亭山寄崔侍御》)，“时游敬亭上，闲听松风眠”（《赠宣城宇文太守兼呈崔侍御》），而最著名的则是《独坐敬亭山》：“众鸟高飞尽，孤云独去闲。相看两不厌，只有敬亭山。”后人取其诗意建了闲云庵。

谢、李之后，白居易、杜牧、韩愈、刘禹锡、梅尧臣、欧阳修、

图 1-5.1

黄庭坚、苏轼、文天祥、汤显祖、施闰章等人也慕名前来，吟诗作赋，绘画写记，留下诗、文、画作数以千计，敬亭山因此被誉为“江南诗山”。

1939 年 5 月，陈毅率部队驻扎宣城金宝圩的刁家湾时，写下《由宣城泛湖东下有感》：“敬亭山下橹声柔，雨洒江天似梦游。李谢诗魂今在否？湖光照破万年愁。”

敬亭山现存主要文物古迹是广教寺双塔，塔后原有广教寺，俗称“双塔寺”，今已毁弃。双塔建于北宋绍圣三年（1096），四方形，砖砌、仿木结构，各 7 层，塔顶残损，残高均为 17 米多。塔身所砌佛像损坏

图 1-5.2

严重，塔内嵌有苏轼楷书《观自在菩萨如意陀罗尼经》石刻。这种沿用唐代四方形平面的宋塔在现存古塔中十分罕见，1988年被列为全国重点文物保护单位。

中国邮政2001年10月24日发行TP21《李白诗选》特种邮资片一套6枚，6–3为“独坐敬亭山”（图1–5.1）；2004年4月16日发行PF2004–5《宣城广教寺双塔》普通邮资信封一套1枚（图1–5.2）。

皖江奔涌竞风流

长江在安徽境内由西向东流经安庆、池州、铜陵、芜湖和马鞍山五市，全长 416 千米，一般称之为“八百里皖江”。

皖江上游有被誉为“长江绝岛”的小孤山。它位于宿松县东南 60 千米的长江中，与江西省彭泽县的澎浪矶隔江相望，因一峰独立故名孤山，为区别于鄱阳湖中的大孤山，故名小孤山。小孤山原与长江北岸相连，明成化年间（1465—1487），接连处突然崩塌，遂使其脱离江北而独立耸立于长江之中，素有“长江天柱”“江上蓬莱”之称。

小孤山地势险要，属安庆门户、楚塞吴关，是天然的军事要塞，历来为兵家必争之地，现在尚遗有古时烽火台和炮台。元朝天历年间（1328—1330），曾立铁柱于山，上刻“海门第一山”。

小孤山以奇、险、独、孤而著称。其形似古代女子的发髻，故有“髻山”之谓，相传日久，衍为“小姑”。人们还把对面的澎浪矶称为“彭郎”，创造了许多关于小姑与彭郎相爱的美丽传说。宋代文豪苏轼就有“舟中贾客莫漫狂，小姑前年嫁彭郎”的诗句。山上的主要建筑惠济寺始建于宋朝，俗称“小姑庙”，周围有弥陀阁、先月楼、界潮祠、半边塔、龙耳洞、龙眼石、长生树等名胜古迹。

小孤山历史悠久。相传大禹治水时曾至此刻石记功，秦始皇东巡亦勒“中流砥柱”于此，盛唐时期，小孤山之名正式见于诗人的笔端，现有文赋 14 篇、诗词 113 首、联语 47 副、传记 7 则、杂记 29 章、石刻 29 处。唐代顾况、白居易，宋代王安石、苏轼、杨万里、范成大、陆游，元代揭傒斯，明代刘基、解缙，清代朱书等都在此留下过优美诗文。陆游在《游小孤山记》中说：“凡江中独山，如金山、焦山、落星之类，皆名天下，然峭拔秀丽皆不可与小孤比。自数十里外望之，碧峰巉然孤起，上干云霄，已非它山可拟，愈近愈秀，冬夏晴雨，姿态万变，信造化之尤物也。”解缙赞誉小孤山：“一望东南形势阔，何须海上问蓬莱。”

1894 年 6 月 1 日，九江英租界公务局书信馆发行商埠邮票一套 3 枚，3–3 为“小孤山”（图 1–6.1）。

在长江即将告别安徽之处，坐落着江东胜地——马鞍山采石矶，它与岳阳城陵矶、南京燕子矶并称“长江三矶”，且以风景、名气更胜一筹而位居三矶之首。

采石矶原名牛渚矶，位于距马鞍山市 7 千米的翠螺山麓。传说三国东吴时，山上建广济寺掘井时，得一块五彩斑斓的大石，后琢成香炉，供在寺内，遂为“采石”。

采石矶遥对天门山，峭壁千寻，长江之水到此受峡江对峙所阻，变得十分湍急。它雄踞长江南北之险，扼守东西咽喉之冲，是古今重要津梁渡口；其形势险峻，历来为兵家必争之地，南宋绍兴三十一年（1161），虞允文曾在此以少胜多，大败金兵，粉碎了金国统帅海陵王完颜亮灭亡南宋的图谋。

采石矶的盛名更多的是与李白联系在一起。李白晚年在此流连，留下《横江词》《望天门山》《夜泊牛渚怀古》《牛渚山》等不朽诗作。民间相传他就是在这里因酒醉赴水中捉月而淹死的，为诗人不平凡的一生增添了浪漫而传奇的色彩。为纪念李白，早在唐代人们就在这里建立了太白祠，后世又多次重修、扩建，清康熙元年（1662）更名为太白楼。它与湖南岳阳楼、湖北黄鹤楼、江西滕王阁并称为“长江三楼一阁”。现存

图 1–6.1

太白楼为清光绪三年（1877）所重建，高 18 米，长 34 米，宽 17 米，主楼 3 层，分别为厅、楼、阁。前后分两院，前为太白楼，后为太白祠。登上主楼，可观赏长江如练、白帆点点的美景。在太白楼北面翠螺山麓半山腰有李白衣冠冢。

景区内还有燃犀亭、三元洞、金牛洞、联壁台、大脚印等名胜古迹。三元洞是傍山临江倚崖的天然石洞，洞内上下两层，洞中有洞，可通大江。构筑巧夺天工，阁楼玲珑别致。

中国邮政 2000 年 4 月 22 日发行 FP12《安徽风光》风光邮资明信片一套 10 枚，10–8 为“采石矶”（图 1–6.2）；2002 年 10 月 9 日发行 PF2002–28《采石矶》普通邮资信封一套 1 枚（图 1–6.3）。

安庆地处皖鄂赣三省交界处，旧时为安徽省省会，安徽的“安”字即取自它。发源于大别山的皖河在此与长江汇合，更增添了长江的声势。在安庆东南长江岸边，有一座地标性的古建筑——振风塔。

图 1–6.2

图 1-6.3

振风塔是迎江寺内的建筑之一，该寺古称护国永昌禅寺、万佛寺，是全国 14 座佛教重点寺庙之一，始建于北宋开宝七年（974）。明光宗朱常洛曾为其御书“护国永昌禅寺”，清顺治七年（1650）

图 1-6.4

敕建“迎江禅寺”。

振风塔建成于明隆庆四年（1570），由北京白云观老道人张文彩精心设计，现存系清末重修。该塔为楼阁式砖石结构，塔身高82.74米，共7层，葫芦塔尖，直耸云端，塔身平面形状为正八边形，逐层收缩；塔内有石阶168级，盘旋而上可直通塔顶；每层八角各悬挂铜铃，微风吹动，叮当作响，各层塔门多有变化，门门相似，有通有塞，颇有情趣。塔中有浮雕佛像600多座，因此也叫作万佛塔。各层还设有灯龛，一度发挥着灯塔的作用，为江上的夜行船导航，素有“万里长江第一塔”之美誉。振风塔以新颖造型、挺拔身姿、精巧构造而名闻长江流域，世人有“过了安庆不看塔”之说。2006年，振风塔被列为全国重点文物保护单位。

中国邮政2000年4月22日发行FP12《安徽风光》风光邮资明信片一套10枚，10–4为“振风塔”（图1–6.4）；2003年5月16日发行PF2003–12《振风塔》普通邮资信封一套1枚（图1–6.5）。

“一桥飞架南北，天堑变通途”，这是毛泽东对武汉长江大桥的赞誉。20世纪90年代后，随着我国综合国力的不断增强，有越来越多的桥梁横跨长江两岸。安徽境内现有铜陵长江公路大桥、芜

图1–6.5

湖长江大桥、安庆长江公路大桥和马鞍山长江公路大桥等，有力地促进了社会经济的发展。

铜陵长江公路大桥位于铜陵市羊山矶下游 600 米处，于 1995 年 12 月 26 日建成通车，全桥总长 2592 米，其中主桥八墩七孔长 1152 米，主跨跨径 432 米。桥面设四车道，宽 23 米。为预应力钢筋混凝土双塔双索面斜拉桥，桥塔采用 H 门式结构，塔高 153.66 米。在当时已建成的同类型桥梁中，位居亚洲第一、世界第三。中国邮政 2000 年 3 月 26 日发行的 2000–7《长江公路大桥》特种邮票一套 4 枚，4–3 为“铜陵长江公路大桥”（图 1–6.6）。

图 1–6.6

芜湖长江大桥是国家“九五”期间重点交通项目，工程规模居中国长江大桥之首，于 2000 年 9 月 20 日建成通车。大桥为低塔斜拉桥，主跨 312 米，是我国迄今为止跨度最大的公铁两用桥梁，铁路桥全长 10616 米，其中正桥 2193.7 米，公路桥全长 6078 米，其中正桥 3495.5 米。中国邮政 2001 年 9 月 20 日发行 2001–19《芜湖长江大桥》特种邮票一套 2 枚，均为“芜湖长江大桥”（图 1–6.7）。

图 1–6.7

安庆长江公路大桥位于安庆市迎江区和池州市大渡口之间，于 2004 年 12 月 26 日正式建成通车。桥长 5985 米，主体工程由高架桥、立交桥、引桥、引道和主桥等组成。主桥为五跨连续双塔双索面钢箱梁斜拉桥，全长 1040 米、主跨 510 米，桥面净宽 26 米，按双向四车道、高速公路标准建造，当时列国内第 7 位、世界第 16 位。

中国邮政 2005 年 7 月 18 日发行 PF2005-10《安庆长江公路大桥》普通邮资信封一套 1 枚（图 1-6.8）。

图 1-6.8

江淮明珠数巢湖

巢湖位于安徽省中部，是我国五大淡水湖之一。其名来历说法不一，有人认为因湖形酷似鸟巢状，故名；也有人认为与远古时期的有巢氏及后来的居巢国有关。其成因古志多有“地陷为湖”的记载，这也为现代科学所证实。

巢湖水面广阔，有 800 多平方千米，环湖 200 余千米。它水系发达，四周呈辐射状，能蓄能灌。流入巢湖的河汊沟渠主要有柘皋河、南淝河、丰乐河、杭埠河、兆河等，湖水经裕溪河注入长江。巢湖水产资源丰富，盛产鱼虾，其中银鱼、白米虾、螃蟹合称“巢湖三珍”，巢湖流域是著名的鱼米之乡。沿岸群峰参差有致，如列屏障，中庙与姥山隔水相望，湖光山色，交相辉映。

中庙建于湖北岸凤凰台上，以居合肥、巢县中道而得名，楼阁临湖，雄伟壮丽，古人称之为“湖天第一胜处”。始建于元朝，现有殿阁为晚清建筑。姥山，又名圣女山，是孤立于湖心的小岛。远望姥山，似一老态龙钟的妇人，故名，为巢湖水上天然避风港和古时战船停泊处。岛上山峰秀丽，苍松翠竹，居民以捕鱼为生。郭沫若有诗赞曰：“遥看巢湖金浪里，爱她姑姥发如油。”姥山有姥山庙，山巅的文峰塔建于明崇祯四年（1631），登塔四望，可以饱览山湖景色。

巢湖历史悠久，人文底蕴雄厚。含山凌家滩发掘出的新石器时代聚落遗址，奠定了巢湖流域是中华史前文明源头的地位。李白、刘禹锡、王安石、苏轼、陆游、姜夔等人在此留有优美的诗文，许由洗耳、伍子胥白头过昭关、浮丘垂钓、巢州地陷等传说故事亦为巢湖历史添彩。清康熙三十四年（1695），画家石涛应工部尚书李天馥、太守张见易（合肥人）的邀请，从扬州来到合肥游览，饱览了巢湖风光后，画出了一幅挺秀清丽的《巢湖图》，成为我国现存最早的描绘巢湖风光的墨宝。

巢湖战略位置重要，为历代兵家所重。史载商汤曾“放桀于巢湖”。春秋战国时，吴楚在此争雄。三国时，魏、吴四次交战，难分伯仲。南宋时，刘锜曾在湖北岸大破金军。元代末期，朱元璋更是因为有了巢湖水军，方才打败其他劲敌，开创一代伟业。

南淝河是巢湖支流之一，发源于合肥西乡江淮分水岭将军岭一带，经市区注入巢湖。南淝河和东淝河相交而得合肥（淝），因此，南淝河被视为合肥的“母亲河”。古时淝水上有一津渡名曰逍遥津，以为三国时期古战场而著名。曹军大将张辽曾在此大败孙权率领的吴军，谱写下“威震逍遥津”的传奇故事。

宋代乾道年间（1165—1173），合肥城扩大，逍遥津被圈入城内。逍遥津现为城市公园，园中有张辽衣冠冢、逍遥湖、逍遥阁等景点，园内有湖，湖中有岛，岛上有亭，环境优美、景色宜人，是新“合肥十景”之一。

图 1–7.1

中国邮政2009年3月22日发行2009–6《石涛作品选》特种邮票1套6枚，6–1为“巢湖图”（图1–7.1）；2000年4月22日发行FP12《安徽风光》风光邮资明信片一套10枚，10–3为“逍遥津”（图1–7.2）、10–7为“巢湖”（图1–7.3）。

图 1-7.2

图 1-7.3

皖中花园万佛湖

万佛湖位于舒城县西南，主体为1969年竣工的龙河口水库；20世纪90年代，为发展旅游业，才改称万佛湖。龙河口水库库容9.03亿立方米，系安徽十大水库之一，为举世闻名的淠史杭灌区的重要组成部分。主坝筑在杭埠河上游，耸立于龙河寨和栲栳山之间，全长1000多米，底宽190.8米，坝高34米。当年完全是以人工肩挑手推的办法，用时一年多，于1960年2月筑成，总计完成土方160万立方米，为当时国内唯一的沙石外壳、土心墙大坝，联合国大坝委员会原主席兰希先生曾称赞大坝是一项“非常了不起的工程”，联合国大坝委员会将其评为“世界第一人工土石大坝”。

万佛湖属湖泊型观光风景区，上游有春秋、华盖、鹿起、高峰四大名山，水库建成后，水位升高，湖面达50平方千米，众山丘遂成湖中66座岛屿，群山似佛，群岛似佛，万佛依水，水拥万佛，使得万佛湖益加闻名遐迩。

万佛湖景区风景如画，有“皖中花园”之誉。这里湖面清澈如镜，环湖皆山，有大小三十六峰，主峰老佛顶海拔1539米，群峰似一尊尊弥勒佛，因而得万佛山之名。老佛顶下丹峰上有一座高2米、宽1米，刻于清光绪年间的“万佛名山”四字石碑。沿湖有万佛石林、幽谷新月、龙柏山道、钓鱼台、观音洞、人头马、翠竹岭、白鹭洲、湖滨沙滩游泳场等几十处自然景观和人文景观。整个景区以山高、峰险、松奇、石怪、瀑多、洞幽、林深、佛真而著称于世，是中国首批、安徽省首家“国家AAAAA级旅游区”，中国首批“国家水利风景区”。

万佛湖的北岸是大梅山，相传汉代南昌尉梅福辞官后来此隐居，于山间石洞修成正果，羽化而登仙。在湖的东北是周瑜城遗址，公元 190 年，周瑜在此接待孙策母子，并“登堂拜母”，与孙策结为异姓兄弟，开始效力于他。舒城籍北宋大画家李公麟晚年归隐于距湖不远的龙眠山，因爱此山而自号龙眠居士。与他同时代的文人苏轼、苏辙、黄庭坚等人也在此留下不少诗词歌赋。

中国邮政 2005 年 4 月 21 日发行 PP2005-7《万佛湖风光》普通邮资明信片一套 1 枚，邮资图展现了万佛湖徽萃山庄孝义坊、水库大坝、龙王岛等秀丽景色（图 1-8）。

图 1-8

中都古城明皇陵

明皇陵位于凤阳县城西南 7 千米处，原称仁祖陵、英陵，是明朝开国皇帝朱元璋为父母修建的陵园。朱元璋出身贫寒，当年父母死时丧葬极为简陋。他发迹后，从元至正二十六年（1366）至明洪武十二年（1379），在此为父母修建了陵墓。明代朱氏皇家陵墓有 5 处：江苏盱眙祖陵、安徽凤阳明皇陵、江苏南京孝陵、北京十三陵和湖北钟祥显陵，明皇陵建筑最早，故被称为“明代第一陵”。

明皇陵坐南朝北，原有三重城垣：外层土城，周围 28 里；中层砖城，周围 6 里余；内为皇城，周围 75 丈半。三道城中轴线两旁建有许多祭祀、护卫、住所建筑，规模宏大，森严壮观，气象巍峨，被誉为“重门列戟园陵肃”“壮哉斯陵从古无”。明崇祯八年（1635），张献忠率农民军攻破凤阳，焚毁了皇陵楼殿。至清乾隆年间，皇陵地面建筑已不复存在，仅剩下陵丘及神道两旁的石刻基本保存完好。

明皇陵神道笔直宽阔，向北直通当时中都皇城的午门。神道自西两座高大的碑亭开始，有 2 米多高的文臣、武将、内侍、文吏的石像，比实物大 3 倍的石雕战马、雄狮、猛虎、麒麟、羚羊共 36 对，分列道旁，绵延数里。石像之多，为历代帝王皇陵之冠。皇陵竣工后，朱元璋命人在御桥左右各树一碑，东为无字碑，西为皇陵碑。两碑尺寸相同，规格一致，均为 6.87 米，由螭龙碑首、碑身、龟趺三部分组成。皇陵碑有碑文 1105 字，为朱元璋亲自撰写，记述了自己卑微身世、僧侣生活、戎马生涯及开创大明江山的全过程，显示出一代帝王罕见的坦荡胸襟。他还阐述了昌运兴盛的道理，以作为子孙后代的训典。此碑是研究明史的重要资料，也是一件历史价值重大的珍贵文物。

明皇陵建成后，朱元璋曾先后命太子及诸王到凤阳谒陵。明成祖朱棣称帝后曾多次谒陵，并命太子前往祭陵。《明会典》还规定，凡官员以公事经过都要谒陵。为此，陵区内有神厨、神库、酒房、直房等供筹办祭祀，建有官厅、铺舍等供官吏住歇。

明皇陵作为明代第一座帝陵，在陵寝制度和建筑布局方面，鲜明地体现出明代陵寝建筑制度初创的特征，在中国古代帝陵建筑史上，具有上承唐宋、下启明清的重要地位，有着重要的科学、历史和艺术价值。

1982年，明中都皇故城及皇陵石刻被列入全国重点文物保护单位。1997年，陵区开始修建保护围墙，并整修神道、绿化陵园，成为皖东地区一处重要的旅游景点。

中国邮政2000年4月22日发行FP12《安徽风光》风光邮资明信片一套10枚，10–5为“凤阳明皇陵”（图1–9）。

图1–9

玲珑秀美花戏楼

花戏楼位于亳州城北关、涡水南岸的大关帝庙内。

明清时期，亳州是商人汇集、经济繁荣的商业都会。清顺治十三年（1656），在此经商的山西商人王璧、陕西商人朱孔领领衔集资，兴建了山陕会馆，供同乡聚会交流、祭祀礼拜、娱乐消遣。他们在会馆里供奉了山西老乡关羽的神像，以期保佑他们生意兴隆、生财有道。会馆也因此被称为大关帝庙、关帝庙。

清康熙十五年（1676），商人们又在会馆内增建了戏楼。戏楼为楼阁式建筑，多彩绘与雕刻，故名“花戏楼”。后来，人们逐渐就以“花戏楼”之名代替了原来的“山陕会馆”“关帝庙”的名称，并一直沿用至今。

花戏楼的大门是一座三层牌坊架式仿木结构，水磨砖墙上镶满了砖雕、木雕和石雕。砖雕集中于正门墙上，每块方砖上都有精美图案，包含了中国传统诗文、名人逸事、吉祥图案等 70 余种。正门前一对石狮雄踞两侧，两根盘龙铸凤的铁旗杆分插两旁，每根高 16 米，重达 15 吨，上悬 24 只铁风铃，随风叮当作响。

戏楼舞台前突，呈“凸”字形。戏台正中屏风上透雕二龙戏珠，上悬“清歌妙舞”方匾；戏台间上下场四门上方匾额为“想当然”“莫须有”“阳春”“白雪”；台柱上挂有一对竖匾，上书：“一曲阳春唤醒今古梦，两般面目演尽忠奸情。”舞台上下镶有大木立体透雕，一共雕刻了 64 出戏文，其中三国题材就有 18 出。这些木雕的精巧可与山门的砖雕媲美，二者与正门前的铁旗杆一起被视为“花戏楼三绝”。整个戏楼除木雕外，还绘有戏文图案百余幅，如花似锦。

花戏楼无处不花，满台是戏，是一座艺术宝库，对于研究清代建筑艺术和雕刻、绘画、戏曲艺术以及宗教、商业活动都具有重要价值。1988 年，被列入全国重点文物保护单位。

中国邮政 2000 年 4 月 22 日发行 FP12《安徽风光》风光邮资明信片一套 10 枚，10–10 为“亳州花戏楼”（图 1–10.1）；2004 年 12 月 18 日发行 PF2004–35《亳州花戏楼》普通邮资信封一套 1 枚，邮资图案为花戏楼大门（图 1–10.2）。

图 1–10.1

图 1–10.2

粉墙黛瓦古徽州

徽州位于皖、浙、赣三省的交界处，古称新安，秦置郡县后，历朝曾先后设新都郡、新安郡、歙州等。宋徽宗宣和三年（1121），改歙州为徽州，历元、明、清三代，统“一府六县”（徽州府、歙县、休宁、婺源、祁门、黟县、绩溪），徽州的名称一直沿用，直至 1987 年国务院批准成立地级黄山市时止。现在，“徽州”已由地理名词转化为一个文化圈的名词。

古徽州因地处偏远内陆腹地，自古就是一个独立的单元，形成了特色鲜明的文化与习俗，特别是黛瓦、粉壁、马头墙的建筑风格更被视为徽州文化的典型标志，在中国乃至世界建筑史上均占有重要的一页。

中国邮政 1986 年 4 月 1 日至 12 月 25 日发行普 23《民居》普通邮票一套 14 枚，14–9 为“安徽民居”（图 1–11.1）。

徽州建筑以民居、官宅、宗祠、庙宇、廊桥、牌坊为主，其中民居、祠堂和牌坊被誉为“徽州古建三绝”。总体布局上，依山就势，构思精巧，自然得体；平面布局上，规模灵活多变，变幻无穷；空间结构和利用上，造型丰富，讲究韵律美，以马头墙、小青瓦最有特色；建筑雕刻艺术上，讲究综合运用，融石雕、木雕、砖雕为一体，显得富丽堂皇。

图 1–11.1

徽州建筑传统技艺最早可追溯至秦汉时

期，那时流行的是“穿斗式”建筑。宋时已融“穿斗式”与“抬梁式”于一体，建筑技艺有了较大提升。到明代形成了内设“天井”三间五架模式的建筑格局，并基本形成固定模式，徽州建筑传统技艺也基本趋于稳定，并按照以师带徒、口传手授方式，代代相传。

徽州建筑无论是建筑部件还是家居设备都具有很强的地域风格，注重雕刻装饰。一般多以木雕对房子的梁、额、斗门、窗等部位进行装饰，房内的家具上也都有精美的木雕。砖雕主要装饰于居民的门楼、门罩等部位；石雕则主要用作祠堂的石栏板，民居门墙的础石、漏窗及石牌坊的装饰。

坐落于黟县的西递、宏村是徽州民居的杰出代表。它们以世外桃源般的田园风光、保存完好的村落形态、工艺精湛的徽州民居和丰富多彩的历史文化内涵而闻名天下。2000 年 11 月 30 日，西递、宏村被联合国教科文组织列入《世界文化遗产名录》。

西递距黟县县城 8 千米，因古驿站西递铺而得名，始建于北宋皇祐年间（1049—1053），为胡姓人家聚居之地，距今已有近千年的历史。整个村落四面环山，东西长 700 米，南北宽 300 米，整体呈船形。全村以一条纵向的街道和两条沿溪的道路为主要骨架，构成东向为主、向南北延伸的村落街巷系统。所有街巷均以黟县青石铺地，古建筑多为木结构、砖墙维护，木雕、石雕、砖雕丰富多彩，巷道和建筑的设计布局协调。现有居民 300 余户，人口 1000 余人，被誉为“中国传统文化的缩影”“中国明清民居博物馆”。

位于村头的胡文光牌坊是明万历神宗皇帝赐给胡氏族人胶州刺史胡文光的，建于明万历六年（1578），至今已 400 多年。牌坊高 12.3 米，宽 9.95 米，系三间四柱五楼单体仿木结构，东西两面分别刻有“荆藩首相”和“胶州刺史”8 个大字，是胡氏家族地位显赫的象征。西递村现存明、清古民居 124 幢，祠堂 3 幢，代表性的建筑有履福堂、西园、大夫第、敬爱堂、膺福堂、瑞玉庭等。

宏村位于黟县县城东北 10 千米处，始建于南宋绍兴元年（1131），原为汪姓聚居之地，绵延至今已有800余年。

宏村现存明清时期古建筑137幢，它的特色在于村子的布局构置；平面采用“牛”形布局，村中半月形池塘——月沼被称为“牛胃”；一条400余米长的溪水盘绕在“牛腹”内，被称作“牛肠”；村西北溪水上架有4座木桥，作为“牛脚”。这种别出心裁的村落水系设计，不仅为村民生产、生活用水和消防用水提供了方便，而且调节了气温，改善了环境。

南湖位于村南首，建于明万历三十五年（1607）。当时，宏村人口繁衍，靠月塘（月沼）蓄水已不够用，村民将村南百亩良田凿深数丈，周围砌石立岸，仿西湖平湖秋月式样，建成南湖。位于南湖北侧的南湖书院始建于清嘉庆十九年（1814），由宏村6家书院合并而成，现占地约6000平方米。书院包含有志道堂（讲学之处）、文昌阁（供奉孔子牌位处）、会文阁（学生读四书五经处）、启蒙阁（启蒙读书之处）、望湖楼（闲时观景休息之地）及祗园（内苑）六大部分。

月塘位于宏村中心地带，为半月形池塘，就是所谓“牛胃”，开挖于明永乐年间。它常年碧绿，塘面水平如镜，塘沼四周青石铺展，粉墙青瓦整齐有序分列四旁，蓝天白云跌落水中，景色宜人。

中国邮政2004年6月25日发行2004-13《皖南古村落——西递、宏村》特种邮票一套4枚，分别为“牌楼”“古建筑群”“南湖”“月沼”（图1-11.2）。

祠堂是祭祀祖宗或先贤的庙堂，也是同族人商议族中大事的场所，遍布徽州的祠堂大多由出门在外的徽商倡议并出资兴建的，表现了徽州人念念不忘故土老家、念念不忘宗族兴旺的心结。位于绩溪县龙川的胡氏宗祠始建于宋，明嘉靖年间，由兵部尚书胡宗宪倡导捐资扩建。它体量宏大，砖木结构，悬山屋顶，抬梁构架，坐北朝南，建筑面积1146平方米，三进七开间，平面呈长方形。主体建筑分门厅、回廊、正厅、后进，均在中轴线上。一进高于一进，其长度等于宽度的2倍，整个布局方正、对称，主次分明，组合达到

图 1-11.2

巧妙的统一。1988 年 1 月，龙川胡氏宗祠被列为全国重点文物保护单位。

牌坊也叫牌楼，一般用来旌表或纪念某人或某事。从元代到清代，徽州曾经竖起过千余座牌坊。现尚存百余座，被誉为“牌坊之乡”。位于歙县的棠樾牌坊群就是其中的代表。

棠樾村位于歙县城西 5 千米处，村头大道上，依次以忠、孝、节、义的顺序排列 7 座牌坊，其中明代 3 座，分别是鲍灿坊、慈孝里坊、鲍象贤尚书坊；清代 4 座，分别是鲍文龄妻节孝坊、鲍漱芳父子乐善好施坊、鲍文渊节孝坊、鲍逢昌孝子坊。这些牌坊表明棠樾鲍氏是一个以“孝悌”为核心、严格奉行封建礼教、倡导儒家伦理道德的家族，很好地体现了封建社会“忠孝节义”伦理道德的概貌。清乾隆皇帝就为棠樾题写过“慈孝天下无双里，锦绣江南第一乡”之句。

棠樾牌坊群一改以往牌坊以木质结构为主的特点，几乎全部采用石料，且以质地优良的“歙县青”石料为主，既不用钉，又不用铆，石与石之间巧妙结合，使得建筑风格浑然一体。

棠樾牌坊对研究明清时代的政治、经济、文化及建筑艺术和徽商的形成和发展，甚至民居、民俗都有极其重要的价值。1997 年被列为全国重点文物保护单位。

中国邮政 2000 年 4 月 22 日发行 FP12《安徽风光》风光邮资明信片一套 10 枚，10–6 为“棠樾牌坊群”（图 1–11.3）、10–9 为“黟县宏村”（图 1–11.4）。

数千年来，徽商的足迹遍及大江南北，徽州建筑也有不小的影响。特别是明清两代，从事盐业的徽商聚集扬州，留下了一批具有徽州建筑风格的扬州园林，而在南京夫子庙建筑群、凤凰古城民居上也可以看到类似的影响。

中国邮政 2014 年 1 月 27 日发行 2014–3《中法建交五十周年》纪念邮票一套 2 枚，2–1 为“南京秦淮河”（图 1–11.5）；2009 年

图 1–11.3

图 1-11.4

5 月 23 日发行 2009-9《凤凰古城》特种邮票一套 3 枚，3-3 为“古街”（图 1-11.6）。

图 1-11.5

图 1-11.6

时代风云

揭竿而起大泽乡

秦始皇统一全国后，实行了一系列改革举措，推动了中国历史的发展与进步，但也因严刑酷法，租税繁重，使得民不聊生。秦二世胡亥继位后，更加残暴，横征暴敛，有过之而无不及。

秦二世元年（前 209）秋，秦朝廷征发闾左贫民 900 人屯戍渔阳（今北京市密云县西南），陈胜、吴广也在其列，并被指定为屯长。途中在蕲县大泽乡（今宿州市南西寺坡村）为大雨所阻。按照秦律，不能如期到达目的地，就要被杀头。情急之下，陈胜、吴广商量说："如今逃走也是死，起义干一番大事业也是死，同样都是死，为国事而死好不好？"于是二人率戍卒杀死押解的军官，发动了起义。起义军推举陈胜为将军，吴广为都尉，连克大泽乡和蕲县。待攻下陈县后，陈胜被推举为王，国号张楚。义军打开府库，开仓济贫，砸开监狱，释放被关押的百姓，深得民心，声威大振，军力大增，拥有兵车六七百辆，骑兵一千多，步卒好几万人。起义得到各地纷纷响应，不到 3 个月，赵、齐、燕、魏等地方都有人打着恢复六国的旗号，自立为王。

张楚政权建立后，陈胜派出周文率领的起义军向西进攻，很快攻进关中（指函谷关以西地区），逼近秦朝都城咸阳。秦二世惊慌失措，赶快派大将章邯把在骊山做苦役的囚犯、奴隶编成一支军队，向起义军反扑。面对秦军，原来的六国贵族只顾各自占据地盘，谁也不去支援起义军。周文孤军作战，终于失败。起义后的第 6 个月，由于陈胜得势后骄傲自满，加上章邯率秦军镇压，起义最终失败，吴广在荥阳被部下杀死，陈胜也被车夫庄贾杀害。

图 2-1

陈胜吴广起义虽然失败了，但它是中国历史上第一次大规模的农民起义。作为秦末农民战争的一部分，沉重打击了秦王朝，从根本上动摇了秦王朝统治，为尔后项羽、刘邦灭秦创造了有利条件，对后面的封建统治者也是一个极好的教育，汉初的休养生息政策和开明统治很大程度上就是受农民起义的影响。

今安徽省宿州市西寺坡车站南有“涉故台”，相传为陈胜击鼓演武之台。安徽淮北青龙山下邱町山麓的冢山头有陈胜尸身墓。

中国邮政 1991 年 7 月 7 日发行 J179《陈胜、吴广农民起义二千二百年》纪念邮票一套 1 枚，图案为农民揭竿起义时的英姿（图 2-1）。

四面楚歌别虞姬

陈胜吴广起义爆发后，刘邦（前 256—前 195）起兵于沛，自称沛公。与此同时，项羽（前 232—前 202 年）也随叔父项梁起义。之后，二人领导的起义军逐步成为反秦主力。

公元前 206 年，刘邦率领的起义军攻占咸阳，宣布废除秦的严刑酷法，约法三章，得到人民拥护。同年，项羽入关，自立为西楚霸王，封刘邦为汉王。不久，汉王刘邦和西楚霸王项羽两大政治军事集团为争天下而展开了长达 5 年的战争，史称“楚汉相争”。

楚汉双方于公元前 202 年 12 月在垓下（今安徽省灵璧县东南）进行了一场决定性的大战。项羽率领的 10 万楚军被 30 万汉军重重包围，弹尽粮绝、军心涣散、四面楚歌。项羽遂半夜起身，与虞姬对饮，激昂悲歌：“力拔山兮气盖世，时不利兮骓不逝。骓不逝兮可奈何，虞兮虞兮奈若何！”虞姬也起而和唱：“汉兵已略地，四方楚歌声。大王意气尽，贱妾何乐生！”歌罢，拔剑自刎。项羽哭罢，将虞姬之首葬于安徽省灵璧县东七里半处，跨马突围而去。虞姬墓地的西边，至今有个名叫霸离铺的村庄，相传就是霸王别姬的地方。

刘邦发现项羽逃走后，立即派人追赶。项羽逃到阴陵（今定远西北）时又迷了路，一农夫故意错指方向，使项羽陷入大草泽中。他挣扎着逃到阴陵东城时，只剩下 28 骑，最后拼杀到和县乌江。他没有听从乌江亭长东山再起的劝告，觉得无颜再见江东父老，遂横剑自刎，时年 30 岁。

传说那匹跟随项羽多年的乌骓马，到了江的对岸，眺望主人倒在江边，痛不欲生，仰天长啸，只见马鞍落地，遂化作一座山——马鞍山。1956年，马鞍山建市。如今这座新兴工业城市，已经成为一座全国文明城市，安徽东大门的一颗明珠。

图 2–2.1

楚汉之争以刘邦的胜利而结束，重新归于统一的中国进入西汉王朝时代。项羽虽然未成帝业，但是他的英勇、无畏和气概，令人同情、让人长叹、叫人崇敬。宋代女词人李清照曾为他写下了脍炙人口的绝句："生当作人杰，死亦为鬼雄。至今思项羽，不肯过江东。"如今在和县乌江镇东南侧项羽自刎处，有一座霸王祠，现为安徽省重点文物保护单位。霸王祠共分四个部分：西侧殿陈列馆，东侧殿塑像馆，正中是享殿，殿后有西楚霸王项羽衣冠冢，全面展现了项羽英勇壮烈的一生与楚汉战争波澜壮阔的场面。

图 2–2.2

中国邮政1962年8月8日发行纪94《梅兰芳舞台艺术》纪念邮票一套8枚，8–4为"霸王别姬"（图2–2.1）；澳门特别行政区邮政2009年发行《成语故事（三）》邮票一套4枚，4–4为"四面楚歌"（图2–2.2）。

张辽威震逍遥津

东汉建安十三年（208），曹操基本统一了北方，实力大增，遂南下准备消灭刘备和孙权。但由于孙、刘联合，大败曹军于赤壁，使形势发生显著变化。赤壁战后的五六年间，曹操不断在江淮地区用兵，欲从此处突破长江天堑，统一江东，但遭到了孙吴的顽强抵抗。曹操只好改变策略。为避免两面受敌，他一面暂且放弃统一江东，派大将张辽等在合肥屯兵息军养士；一面亲率大军西征张鲁，试图夺取汉中，进一步扩张自己的实力。

建安二十年（215）八月，吴主孙权乘曹操西征之际亲自率兵10万进攻合肥。而此时合肥城内仅有张辽、李典、乐进及薛悌等率7000余人驻守。两军对峙，众寡悬殊。

曹操在出征之前，估计到孙权有可能再次进犯合肥。因此，他预先写了一道命令，封于木函中，交给护军薛悌，要他“贼至乃发”，按计行事。当孙权兵临城下之际，薛悌与诸将打开木函，见命令曰：“若孙权至者，张、李将军出战，乐将军守，护军勿得与战。”在曹操看来，张辽、李典是能征善战的猛将，故使之出战；乐进为人持重，故使之守城；护军薛悌乃文官，故不参战。

诸将看罢命令，疑虑重重。乐进、李典等认为，两军兵力对比悬殊，出战很难取胜。张辽见此拍案而起，曰：“曹公今远征在外，若坐等援军来救，即便援军来到，那时吾等也早被吴军击破。现当乘吴军立足未稳之时，主动出击，方能挫其锐气，守住城池矣。”乐进等闻听张辽之言，仍犹豫不决。张辽怒曰：“成败之机，在此一战，诸君若疑，吾张辽独决之。”李典素与张辽不和，此时见张辽如此坚决，亦慷慨陈词：“此国家大事，既然将军主意已定，奋不顾身，吾等能以小私而舍大义乎？”于是，众将遵从张辽之见，连夜征募敢死之士 800 人，并设宴犒飨，以壮军威。

次日晨，张辽披甲执戟，大呼“张辽在此”，率众冲入敌阵。此时，吴军毫无准备，不知所措。张辽连续击杀数十人，并斩杀了东吴的陈武等两员大将，直逼孙权帐下，要取其性命。孙权大惊，仓皇间登上一个土垒，手持长戟自守。吴军见张辽兵少，迅速围了上来，密密麻麻地将张辽围了好几层。张辽毫无惧色，左冲右突，杀出一条血路，带领麾下数十人冲出包围。这时，李典也带人前来接应，双方战至中午，吴军伤亡惨重，士气大挫。张辽见出战的目的已经达到，遂率众回城，加强防卫。

之后，孙权虽持续围城十余日，但终不能破城，遂撤军返归。当吴军纷纷返撤之时，孙权与少数将领在逍遥津北岸巡视，恰被魏军侦知。张辽即率步骑数众突袭孙权。吴将甘宁、吕蒙等与张辽奋力拼杀，凌统则率亲兵护卫孙权突围。孙权等骑马行至逍遥津桥时，见桥南板已被拆除丈余而不得过。在此危急关头，吴将谷利急中生智，于孙权坐骑后猛抽一鞭，“以助马势”。骏马奋力一跃，飞桥而过，孙权夺路而逃，幸免于难。

此战史称“张辽威震逍遥津”，是三国时期魏军创下的一个以少胜多的著名战例。

中国邮政 1994 年 11 月 24 日发行 1994–17《中国古典文学名著——〈三国演义〉（第四组）》特种邮票一套 4 枚，4–3 为“威震逍遥津”（图 2–3）。

图 2–3

草木皆兵八公山

公元4世纪后半期，前秦统一了黄河流域。为一举消灭东晋，统一中国，秦王苻坚于383年亲率步兵60万、骑兵27万，加之其弟苻融率25万先锋军队，共112万大军，大举南下。他曾夸下海口：“强兵百万，资仗如山……投鞭于江，足断其流。”

东晋面对大军压境，下达诏令，任命谢安以征讨大都督的身份负责指挥，又任命尚书仆射谢石为征虏将军、征讨大都督，徐、兖二州刺史谢玄为前锋都督，与辅国将军谢琰、西中郎将桓伊等人，统率8万兵众沿淮河西上抵抗前秦，并让龙骧将军胡彬带领5000水军援助寿阳，兵分三路北上迎击前秦军。

10月，苻融等攻打寿阳。18日，攻占淝水（今安徽瓦埠湖一带）西岸的寿阳（今寿县），擒获平虏将军徐元喜等人。慕容垂攻下了郧城。苻融进军攻打胡彬退守的硖石，前秦卫将军梁成等率领5万兵众驻扎在洛涧，沿淮河布防以遏制东面的部队。

苻坚自认为兵力强大，能够速战速决，派东晋降将朱序前去劝降谢石。朱序却私下提示谢石宜先发制人，击溃前秦的先锋部队。他说：“秦军虽有百万之众，但还在进军中，如果兵力集中起来，晋军将难以抵御。现在情况不同，应趁秦军没能全部抵达的时机，迅速发动进攻，只要能击败其前锋部队，挫其锐气，就能击破秦百万大军。”谢石起初认为秦军兵力强大，打算坚守不战，待敌疲惫再伺机反攻。听了朱序的话后，认为很有道理，便改变了作战方针，决定转守为攻，主动出击。11月，谢玄派广陵相刘牢之率领5000

精兵开赴洛涧，揭开了淝水大战的序幕。刘牢之取得洛涧大捷，斩杀秦将梁成以及弋阳太守王咏，秦军折损 10 名大将及 5 万主力，然后晋军又阻绝了淮河渡口，歼灭前秦军队 15000 人，抓获前秦扬州刺史王显等人。晋军西行，与秦军对峙淝水。

12 月，有人向苻坚建议后退决战。诸秦将认为阻敌于淝水畔比较安全，但苻坚认为半渡而击可主动对决。当秦军后移时，晋军渡水突击。朱序在秦军阵后大叫："前线的秦军败了！"秦军顿时阵脚大乱，随后晋军全力出击，大败秦军。谢玄、谢琰和桓伊率领晋军 7 万，战胜了苻坚和苻融所统率的前秦 15 万大军，并阵斩苻融。淝水之战以晋军的全面胜利告终，前秦军被歼和逃散的共有 70 多万。苻坚统一南北的希望彻底破灭，两年后被姚苌俘杀，前秦随之灭亡。

淝水之战成为中国历史上以少胜多的著名战例，对后世兵家的战争观念和决战思想产生了深远影响。淝水之战后，前秦政权瓦解，

图 2-4

分裂为后秦和后燕等，中国北方陷入割据混战的局面。而东晋则趁机北伐，把边界线推进到黄河，为江南地区社会经济的恢复和发展提供了必要的契机，也使得流落到南方的汉族中原文化得以延续和发展，并且直接影响到了此后隋唐等王朝的精神实质。可以说，淝水之战保住了中华文化的核心部分。

中国邮政2004年10月5日发行TP28《傅抱石作品——东山丝竹》特种邮资明信片一套1枚（图2-4），描绘的是东晋宰相谢安隐居时与朋友雅聚演奏丝竹的情景。谢安40多岁后重新入仕，东山再起，作为淝水之战东晋的总指挥，成为这场战役的最大功臣。

徐锡麟举义安庆

1905 年 8 月 20 日，孙中山等在日本东京以兴中会和华兴会为基础，联络光复会成员，组成了全国性的反清革命组织——中国同盟会。该会以“驱除鞑虏，恢复中华，建立民国，平均地权”为革命纲领，使得推翻清朝政府、建立民主共和国的理想深入人心，成为当时革命者的共同目标。1906 年起，同盟会等先后发动了多次反清武装起义，其中光复会会员徐锡麟领导的安庆起义就是一例。

徐锡麟（1873—1907），浙江绍兴人，曾留学日本，1904 年在上海加入光复会。1906 年，为打入清政府内部以发动革命，他纳粟捐官，以道员分发安徽候补，充任巡警学堂监督及巡警会办，并受到安徽巡抚恩铭的赏识。

徐锡麟在安庆利用自己的合法身份，暗中联络会党，约定在 1907 年 7 月 8 日乘巡警学堂举行毕业典礼时发动起义，杀掉省级文武大官，占领安庆，然后与秋瑾的浙东起义军共同攻打南京。

不料，起义前夕，会党成员叶仰高被捕叛变，供出了他所知的革命党人的别名暗号，恩铭命令徐锡麟立即按名单抓人。徐锡麟见自己的化名“光汉子”竟在名单之首，加之恩铭将巡警学堂的毕业典礼提前两日举行，遂不得不提前仓促举事。

毕业典礼上，徐锡麟用短枪连击恩铭，恩铭被护卫抱着逃离会场后因伤重而亡，其余文武官员也慌忙逃窜。徐锡麟与马宗汉、陈伯平及巡警学生军几十人占领了安庆军械所，与前来镇压的清军激战四小时，陈伯平战死，徐锡麟、马宗汉被捕。起义遭受失败。

审讯中，徐锡麟抗对不屈，执笔自书供词：“为排满事，蓄志十几年。多方筹划，为我汉人复仇，故杀死满人恩铭后，欲杀端方、铁良、良弼等满贼，别无他故，灭尽满人为宗。”落款“光汉子徐锡麟”。当晚，徐锡麟在安庆东辕门被剖心而死，年仅35岁。今安庆二中为徐锡麟起义旧址，建有“徐锡麟纪念台”。

徐锡麟以官员身份刺杀恩铭，清朝高官人人自危。他发动的安庆起义与同时期其他反清起义虽然没有成功，但仍沉重打击了清政府的统治，极大地激励了人们推翻清朝的斗志，最终迎来了武昌起义，推翻了清王朝，结束了中国2000多年的封建专制制度。

图 2-5

中国邮政1991年10月10日发行J182《辛亥革命时期著名人物》纪念邮票一套3枚，3-1为“徐锡麟像”（图2-5）。

星星之火鄂豫皖

大革命失败后，中国共产党相继在全国各地发动了一系列反抗国民党反动派的武装起义。

1929 年冬至 1930 年春，中共六安中心县委在安徽西部领导了六安、霍山、霍邱三县农民起义。1930 年 1 月，独山、西镇、金家寨三支游击队合编成立中国工农红军第 33 师，徐百川为师长。4 月，六安、霍山、霍邱三县 18 个区分别成立了区乡革命政权，霍邱县成立了临时革命委员会。

1930 年 6 月，中共鄂豫皖边区特委成立，同年成立工农红军第一军，许继慎（见“红军名将许继慎”篇）任军长，曹大骏任政委兼前委书记，徐向前任副军长。鄂豫皖根据地包括湖北、河南、安徽三省边界的大别山地区，领导皖西根据地与鄂东北根据地、豫东根据地。1931 年 5 月，中共鄂豫皖中央分局成立，张国焘任书记兼军委主席。同年 11 月，中央决定将红四军与红二十五军正式组建成红四方面军，徐向前任总指挥，陈昌浩任政委。

1931 年 9 月，蒋介石调集兵力，向鄂豫皖革命根据地发动了大规模的第三次“围剿”，兵败黄安、商城后，又于 1932 年 3 月纠合重兵进占皖西苏家埠、麻埠等地，继续向根据地进攻。红四方面军在总指挥徐向前的统一指挥下，从 3 月 22 日起，分割包围了苏家埠、韩摆渡、青山店的敌驻军。敌军被围数月，弹尽粮绝。蒋介石急令皖西剿共总指挥厉式鼎率 2 万兵力从合肥方向前来增援。红四方面军遂以主力打援，5 月 2 日于陡拔河一带将其全部歼灭，活捉了厉式鼎。苏家埠、韩摆渡守军数次突围未果，在外无援兵、内无粮草的情况下，于 8 日全部缴械投降，苏家埠战役胜利结束。此役历时 48 天，红军以 2 万余人，在地方武装和人民群众的配合下，歼敌 3 万余人，是围点打援的经典战例，创造了红四方面军大兵团作战的经验，是鄂豫皖根据地史无前例的大胜仗，也是中国工农红军战争史上著名的大捷之一，在中国人民革命史上占有重要的历史地位。

图 2-6

鄂豫皖根据地全盛时期发展到 20 多个县，拥有人口 300 多万人，红军达到 4.5 万人，是中国共产党领导下仅次于中央红军的军事力量。皖西根据地人口 40 余万人，是鄂豫皖根据地的重要组成部分。

中国邮政 1991 年 11 月 8 日发行 J184《徐向前同志诞生九十周年》纪念邮票一套 2 枚，2–2 为“峥嵘岁月”，图案为担任红四方面军总指挥时的徐向前（图 2–6）。

新四军抗战江淮

西安事变以后，中国共产党从抗日大局出发，同意将留在湘、赣、闽、粤、浙、鄂、豫、皖八省边界地区的红军和游击队改编为国民革命军新编第四军。

从 1938 年 2 月至 5 月，分散在南方 8 省、40 多个县、14 个游击区的红军游击队战胜种种困难与险阻，胜利完成向皖南、皖西的集结，会师皖南岩寺地区，汇聚成一支抗日铁流。新四军由叶挺任军长，项英任副军长，张云逸任参谋长，袁国平任政治部主任。全军设 4 个支队，第 1 支队司令员陈毅、副司令粟裕，第 2 支队司令员张鼎丞，第 3 支队司令员未定，第 4 支队司令员高敬亭。集结以后的新四军，经过严格的军事训练，由一支游击部队改变成为正规部队。随后，第 1 支队挺进苏南，第 2、第 3 支队挺进皖南，第 4 支队挺进皖中、皖东，开辟了豫皖苏根据地等一批敌后抗日根据地。

图 2-7.1

图 2-7.2

图 2-7.3

图 2-7.4

图 2-7.5

1938年5月，新四军军部由岩寺移至太平县，8月2日移驻泾县云岭，云岭成为新四军在华中抗战的领导和指挥中心。在加强政治、军事、组织等方面建设的同时，取得了青弋江备战、繁昌保卫战等对日作战的胜利，巩固了皖南抗日根据地。

1938年11月至1939年9月，美国作家史沫特莱以国际红十字会记者的名义从武汉辗转来到云岭新四军军部。她通过在国内外各大媒体上发表宣传新四军抗日、泾县人民支援抗战事迹的文章，极大地扩大了新四军和泾县的影响力。

1939年2月15日，周恩来开始新四军军部之行。他在新四军军部云岭的20天时间里，传达中共中央关于新四军发展战略方针的指示，作了《关于统一战线工作》《目前形势和新四军的任务》等报告，和新四军领导人商定了“向南巩固、向东作战、向北发展”的战略方针，开拓抗日新局面。

图 2-7.6

图 2-7.7

1939年5月7日，新四军江北指挥部在庐江东汤池正式成立。随后着手江北部队整顿工作，指挥部由张云逸兼任指挥，徐海东、罗炳辉任副指挥，赖传珠任参谋长，邓子恢兼任政治部主任，下辖第 4 支队、第 5 支队和江北游击纵队。三支队伍仅用两个月时间，就完成了进军皖东的战略目标，先后取得大桥、半塔集反顽作战和夏季反“扫荡”的胜利。1940 年春，任八路军第 2 纵队政治委员的黄克诚，率主力南下豫皖苏和皖东北地区，到达安徽涡阳新兴集，与彭雪枫领导的新四军第六支队合编为八路军第 4 纵队，彭雪枫任司令员，黄克诚任政治委员（后任第 5 纵队司令员兼政治委员），东进皖东北地区，执行向东发展的任务，推动了皖东北抗日根据地的巩固和发展。

抗战进入相持阶段后，国民党顽固派加紧制造反共摩擦活动。1940 年 12 月 9 日，蒋介石发布命令：长江以南的新四军于 12 月 31 日前开到长江以北地区；黄河以南的八路军、新四军于 1941 年 1 月 30 日前开到黄河以北地区。12 月 10 日，他又密令第三战区司令长官顾祝同、第三十二集团军总司令上官云相等，调兵围歼新四军部队。1941 年 1 月 4 日，

图 2-7.8

图 2-7.9

图 2-7.10

图 2-7.11

皖南新四军军部直属部队等 9000 余人，在叶挺、项英的率领下开始从云岭驻地出发绕道北上。1 月 6 日，当部队到达皖南泾县茂林地区时，突遭国民党军队 7 个师 8 万余人的包围袭击。新四军英勇抗击，激战 7 昼夜，终因众寡悬殊，弹尽粮绝，除傅秋涛率 2000 余人分散突围外，少数被俘，大部壮烈牺牲。军长叶挺在和国民党谈判时被扣押，政治部主任袁国平牺牲，副军长项英、参谋长周子昆在突围后隐蔽期间被叛徒杀害。这就是震惊中外的皖南事变。周恩来为《新华日报》题写了“为江南死国难者志哀！”“千古奇冤，江南一叶；同室操戈，相煎何急！？”的题词，对国民党顽固派进行了有力的声讨。

皖南事变发生后，1 月 17 日，国民党政府军事委员会悍然发布反动通令，宣布撤销新四军番号，将叶挺交付军事法庭审判。1 月 20 日，中共中央政治局召开紧急会议，研究新四军当前面临的局面，决定在苏北重建新四军军部，给国民党以针锋相对的回答，并确定了主要领导人选。任命陈毅为代理军长，刘少奇为政治委员，赖传珠为参谋长，邓子恢为政治部主任。1 月 25 日下午，新军部成立大会在盐城隆重举行，标志着新四军的重生。

图 2-7.12

重建后的新四军，在陈毅、刘少奇等人的领导下，在日军、伪军和国民党顽固派的夹击中坚持抗战。在西起汉水、东到黄海、北达陇海铁路、南跨长江两岸的广大地区，到处是新四军健儿的足迹，使华中成为对日本侵略者实施反攻和以后进行解放战争的重要战略基地。

新四军在抗日战争中，在部队人力与武器处于劣势的情况下，善于发挥自己的聪明才智，不断总结对敌斗争经验，创造了一系列的战略战术。罗炳辉根据皖东（淮南）和洪泽湖一带的地形，创造了一套诱敌、迷敌、扰敌、奇袭、反击、歼灭等为内容的“梅花战术”，多次创造以少胜多的战例，充分显示了游击战的巨大威力。

新四军在抗日战争中，还十分重视宣传舆论工作，游击支队就有三大宝：骑兵团、文工团与《拂晓报》。1938 年 9 月 29 日，在竹沟召开抗日武装进军誓师大会的同时，《拂晓报》创刊。彭雪枫题写了报头，并撰写了发刊词。《拂晓报》以其鲜明的立场、真实的报道、生动的文字和新颖的版面受到根据地广大抗日军民的欢迎，奏响了华中地区坚持抗战的响亮号角，忠实地记录了豫皖苏边抗日游击健儿惊天地泣鬼神的英雄业绩，为革命斗争提供了精神力量。

在抗战中，新四军浴血奋战在江淮大地，创造了辉煌的战绩：在淮北抗日根据地解放国土 4 万多平方千米，人口 600 多万；在淮南抗日根据地解放国土 2 万多平方千米，人口 330 万；在皖江抗日根据地解放国土 3 万平方千米，人口约 300 万。安徽人民的抗日斗争，从人、财、物等各方面支援了全国的抗战，为取得全国抗日战争的最后胜利做出了很大的贡献。

中国邮政 1996 年 9 月 10 日发行 1996–24《叶挺同志诞生一百周年》纪念邮票一套 2 枚，2–2 为“抗日战争时期的叶挺将军”（图 2–7.1）；2011 年 2 月 21 日发行 2011–3《中国共产党早期领导人（三）》纪念邮票 1 套 5 枚，5–5 为项英（图 2–7.2）；2005 年 9 月 27 日发行 2005–20《中国人民解放军大将》纪念邮票 1 套 10 枚，10–1 为粟裕（图 2–7.5）、10–2 为徐海东（图 2–7.8）、10–3 为黄克诚（图 2–7.10）、10–7 为张云逸（图 2–7.3）；1991 年 8 月 26 日发行 J181《陈毅同志诞生九十周年》纪念邮票一套 2 枚，2–1 为陈毅像（图 2–7.4）；1985 年 6 月 25 日发行 J112《中国人民之友》纪念邮票一套 3 枚，3–1 为艾格尼丝 · 史沫特莱（图 2–7.6）；1998 年 3 月 5 日发行 1998–5《周恩来同志诞生一百周年》纪念邮票 1 套 4 枚，

4–1 为“军事家”（图 2–7.7）；2005 年 8 月 1 日发行 2005–26《人民军队早期将领(二)》纪念邮票 1 套 5 枚，5–3 为彭雪枫(图 2–7.11)、5–4 为罗炳辉（图 2–7.9）；1983 年 11 月 24 日发行 J96《刘少奇同志诞生八十五周年》纪念邮票一套 4 枚，4–3 为“刘少奇同志在陕甘宁边区劳动英雄大会上作报告”（图 2–7.12）。

淮海战役大决战

淮海战役是解放战争时期中国人民解放军华东野战军、中原野战军在以徐州为中心，东起海州（今连云港市海州区），西至商丘，北起临城（今枣庄市薛城区），南达淮河的广大地区，对国民党军进行的战略性决战。战役于 1948 年 11 月 6 日开始，1949 年 1 月 10 日结束，历时 66 天。

1948 年下半年，国内形势愈发对国民党军不利。9 月，中共中央军委在西柏坡召开政治局会议，决定战略转移，由游击战争过渡到正规战争。9 月 25 日，中央同意粟裕的建议，立即进行淮海战役。10 月 11 日，毛泽东电告华东野战军，提出了淮海战役分三个阶段的设想，由邓小平、刘伯承、陈毅、粟裕、谭震林组成淮海战役总前委，驻地设在濉溪县临涣集。参加作战的部队有华东野战军、中原野战军和冀鲁豫军区的地方武装。我军参战部队共有 60 万人，敌军则先后出动兵力达 80 万人。

第一阶段，11 月 6 日，华东野战军发起淮海战役，各部队向预定目标开进。8 日，防守运河一线的第三绥靖区四分之三以上官兵，在中共地下党员、绥靖区副司令官何基沣、张克侠率领下，举行贾汪起义。10 日，华东野战军先头部队、山东兵团主力，歼灭国民党第 7 兵团西撤的先头师，切断第 7 兵团退路，之后在碾庄展开了一场大战。19 日，加快对第 7 兵团的围歼作战，至 22 日，一举全歼第 7 兵团 10 万人，击毙兵团司令黄百韬。

第二阶段，11 月 23 日至 12 月 15 日，战斗主要在安徽境内进行。

黄百韬兵团被歼灭后，李延年的第6兵团、刘汝明的第8兵团，以及由华中“剿匪”总司令黄维向宿县进军的第12兵团无法靠拢徐州打通徐州至蚌埠间联系。11月25日，中原野战军7个纵队将第12兵团包围在宿县西南的双堆集。11月28日，蒋介石下令徐州驻军第2、第13、第16三个兵团向江南撤退，华东野战军即以7个纵队30万人发起追击、拦截，12月4日将其包围在永城东北陈官庄地区，第16兵团自行突围，大部被歼灭。当“剿匪”副总司令杜聿明指挥的30万徐州守军向西南沿永城、涡阳撤退时，华东野战军又从南线另抽调3个纵队加入北线对杜聿明集团的围攻。12月初，中原野战军对黄维第12兵团的合围圈不断缩小，华东野战军抽调的5个纵队加特种兵纵队又加入对第12兵团的围攻，从12月12日发起总攻至15日，拥有12万余兵力的黄维兵团全军覆没，兵团司令黄维被俘。

第三阶段，1948年12月16日至1949年1月10日。经历了第二阶段战役后，为配合平津战役对傅作义集团之分割包围，避免其迅速决策经海路南逃，解放军对合围的杜聿明部暂缓攻击，进行了20天休整，向杜聿明发动宣传与劝降工作，为最后围歼杜聿明部做最后准备。1949年1月6日，解放军向青龙集、陈官庄地区被围的杜聿明部发起总攻，9日消灭第13兵团大部，10日战斗结束，生俘徐州“剿匪”副总司令兼前进指挥部主任杜聿明，击毙兵团司令邱清泉，李延年的第6兵团、刘汝明的第8兵团随后放弃淮河以南、长江以北地区，撤往江南，淮海战役胜利结束。

淮海战役是解放军在兵力、装备都不占优势的情况下同国民党重兵集团展开的决定性的战略决战，最后以解放军的全面胜利而告终，蒋介石在南线的精锐主力损失殆尽，创造了战争史上的奇迹。这是中央军委、总前委正确决策，华东野战军、中原野战军密切配合，指战员英勇作战，人民群众全力支援的结果。

淮海战役胜利推动了安徽长江以北的解放。1948年11月，碾庄战役全歼黄百韬兵团的消息传到合肥，国民党安徽省政府在省政府主席、桂系军阀夏威的率领下向安庆撤退。淮海战役一结束，解放军先遣纵队就接受解放合肥的任务，向肥东挺进。1949年1月21日，合肥和平解放，接着巢湖、桐城相继解放。到1月底，除长江北岸几个孤立据点外，皖北基本解放，为解放军渡江作战奠定了基础。

1949年5月1日，华东解放区华东财办邮政管理总局发行《淮海战役胜利》纪念邮票一套11枚，图案相同，刷色不同，分有齿和无齿两种各11枚，面值分别为1元、2元、3元、5元（图2-8.1）、10元、13元、18元、21元、30元、50元和100元；1998年11月14日，中国邮政发行1998-24《解放战争三大战役纪念》纪念邮票一套5枚，5-3为“决战淮海”（图2-8.2）。

图 2-8.1

图 2-8.2

百万雄师过大江

辽沈、淮海、平津三大战役胜利后，为粉碎国民党“划江分治”的企图，中共中央适时提出了“打过长江去，解放全中国”的口号。1949年2月11日，由邓小平、刘伯承、陈毅、粟裕、谭震林5人组成的渡江战役总前委在河南商丘张菜园村成立，邓小平为书记。3月28日，总前委机关及邓小平、陈毅移驻安徽省肥东县撮镇瑶岗村，全面负责指挥渡江战役。参加渡江作战的主要是中国人民解放军第二、第三野战军和第四野战军一部。他们于3月至4月先后抵达长江以北，开展各项准备工作。

此时，蒋介石一方面于1949年1月21日宣布隐退，由副总统李宗仁任“代总统”，并出面提出与中国共产党进行和平谈判；另一方面仍以国民党总裁身份总揽军政大权，积极扩军备战，加紧编练新军，准备卷土重来。

4月15日，国共双方代表拟就了《国内和平协定》，并商定于4月20日共同签字。但蒋介石幕后操纵国民党政府于20日拒绝签字，解放军随即于当晚20时发起渡江战役。

渡江战役西起九江东北的湖口，东至江苏的江阴，战线长达1000余里，分东、中、西三路作战。安徽处于战役重要地位，从安庆到无为一线为中路大军实施作战地段，安庆以西的怀宁、望江、宿松一线为西路大军实施作战地段。解放军以木帆船为主要航渡工具，中路大军首先在芜湖裕溪口至枞阳段发起进攻。27军235团1营3连2排5班所乘船只，冒着敌人密集的炮火，首先登上繁昌江面对岸，被誉为“渡江第一船”；繁昌荻港镇江中的板子矶成为“百万雄师渡江第一船登陆点”，从而在渡江战役史上留下了光辉的一笔。当夜，中路大军 3 个军胜利渡江到达南岸，占领了繁昌、铜陵、芜湖等地，国民党沿江防线被拦腰斩断。西路大军在贵池至彭泽间，同时登上了长江南岸。4 月 23 日，中国人民解放军占领南京总统府，宣告了蒋家王朝的灭亡。毛泽东满怀豪情地挥笔写下了《七律 · 人民解放军占领南京》：“钟山风雨起苍黄，百万雄师过大江。虎踞龙盘今胜昔，天翻地覆慨而慷。宜将剩勇追穷寇，不可沽名学霸王。天若有情天亦老，人间正道是沧桑。”

图 2–9.1

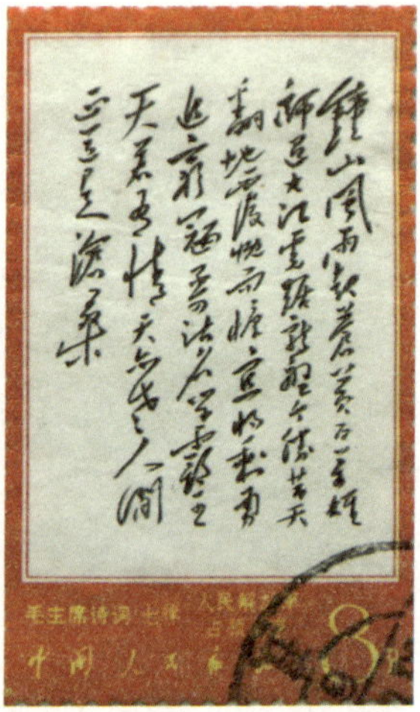

图 2–9.2

渡江战役的胜利，推动了安徽全境的解放。4 月 23 日，安庆解放；4 月 24 日，马鞍山解放；4 月 30 日，屯溪和平解放。至此，安徽全境解放。

渡江战役自 4 月 21 日始，6 月 2 日结束，历时 43 天，共歼敌 43 万余人，粉碎了国民党政府“划江而治”的企图，解放了苏、皖、浙、闽、赣、鄂等广大地区，为进军中南、西南和华南创造了有利条件。

中国邮政 1977 年 8 月 1 日发行《中国人民解放军建军五十周年》纪念邮票一套 5 枚，5–4 为“雄师过大江”（图 2–9.1）；1967 年 10 月 1 日至 1968 年 5 月 1 日发行《毛主席诗词》邮票一套 14 枚，14–10 为“《七律 · 人民解放军占领南京》”（图 2–9.2）。

治淮工程惠民生

淮河是我国主要河流之一，发源于河南省桐柏山区，由西向东，干流流经河南、安徽、江苏三省，在江苏扬州三江营入长江，全长约 1000 千米，流经安徽段 340 千米。淮河原是一条独流入海的河流，自 12 世纪起，黄河夺淮 700 年，打乱了淮河水系，淤塞了中下游河道，并使淮河失去入海尾闾，极大地改变了流域原有水系形态，加重了淮河水患。

1949 年至 1950 年，淮河流域连续发生洪涝灾害。1950 年 10 月 14 日，中央人民政府颁布《关于治理淮河的决定》，确定了“蓄泄兼筹”的治淮方针。11 月 6 日，治淮委员会成立。1951 年 5 月，毛泽东主席发出“一定要把淮河修好”的伟大号召，为淮河治理翻开了历史性的崭新一页。60 多年来，在党和政府的正确领导下，在“蓄泄兼筹”治淮方针的指引下，沿淮两岸人民团结拼搏、艰苦奋斗，持续开展大规模治淮建设，取得举世瞩目的辉煌成就，为流域内经济发展、社会进步、人民幸福提供了强有力的支撑和保障，在新中国治水的伟大实践中谱写了壮丽篇章。

图 2-10.1

治淮工程历经四个重要阶段，见证了新中国气势恢弘、百折不挠的奋斗历程。

1950 年至 1958 年，在新中国第一次大规模治淮高潮中，修建了佛子岭、南湾等一大批上游山区水库，整治和修建淮河中游河道堤防，兴建三河闸、苏北灌溉总渠等下游入江入海工程，实施沂沭泗地区导沭整沂、导沂整沭工程。

1958 年至 1977 年，兴建了淠史杭等大型灌区，建成江都水利枢纽，建设了昭平台等一批大型水库，开挖了新汴河等人工河道，开工建设沂沭泗河洪水东调南下等一批战略性骨干工程。

图 2-10.2

1977 年至 1991 年，实施淮河干流上中游河道整治及堤防加固、黑茨河治理、新沂河治理等工程，开展了流域水污染防治、淮河清障、水土保持小流域综合治理试点等。

1991 年至 2010 年，实施治淮 19 项骨干工程，开工建设南水北调东线、中线工程，开展淮河行蓄洪区和淮干滩区居民迁建、农村

图 2-10.3

饮水安全、大中型病险水库除险加固、大型泵站改造等一大批民生水利工程建设。尤其是2003年淮河大水后，国家加大投入力度，治淮骨干工程建设步伐明显加快，目前淮河干流上中游河道整治及堤防加固、临淮岗洪水控制工程、入海水道近期工程、沂沭泗河洪水东调南下续建等19项骨干工程已全面建成。

新中国治淮工程，水利总投入为2390亿元，直接经济效益13913亿元。经过60多年的治理，淮河干流上游防洪标准达到10年一遇，中下游重要防洪保护区和重要城市的防洪标准提高到100年一遇；沂沭泗中下游重要防洪保护区的防洪标准总体提高到50年一遇；淮北重要跨省支流的防洪标准除洪汝河防洪标准为10年一遇外，其他均提高到20年一遇。淮河流域基本建成了防洪、除涝和水资源综合利用体系，基本理顺了紊乱的水系，减灾兴利能力得到显著提高，实现了淮河洪水入江畅流、归海有路，可以防御新中国成立以来发生的流域性最大洪水。流域水资源配置格局初步形成，城乡供水保障能力显著提升，水资源和水生态得到保护。治淮在保障流域防洪

图 2-10.4

安全和粮食安全、促进能源开发利用、发展工农业生产、提高人民生活水平等方面，充分显示出基础地位和“命脉”作用。

中国邮政1952年10月1日发行特5《伟大的祖国——建设（第二组）》特种邮票一套4枚，4-1为“淮河水闸”（图2-10.1）；1955年10月1日发行特13《努力完成第一个五年建设计划》特种邮票一套16枚，16-11为“水利”，主图是佛子岭水库（图2-10.2）；1990年10月14日发行JF28《治理淮河四十年》纪念邮资信封一套1枚，邮资图为毛泽东“一定要把淮河修好”题词手迹，信封主图为佛子岭水库（图2-10.3）；2010年10月14日发行2010-24《新中国治淮六十周年》纪念邮票一套4枚，分别为“南湾水库”“临淮岗洪水控制工程”“淮河入海水道”“南四湖二级坝水利枢纽”（图2-10.4）。

农村改革发源地

安徽凤阳自古就是贫穷落后之地，新中国建立后也没有得到根本改变。在饥饿的逼迫下，1978 年 11 月 24 日，凤阳县梨园公社小岗生产队（今小溪河镇小岗村）的 18 户村民召开秘密会议，决定把土地包干到各家各户耕种，规定各户在保证完成上缴国家和集体的粮食任务后，剩下的归各户自己所有。当时他们还在秘密协议上按下了鲜红的手印，签下“生死文书”，拉开了“大包干”的序幕。“大包干”第一年，小岗生产队的粮食产量就达到 6.6 万公斤，一举由原来的“讨饭队”变成了“冒尖队”。

1980 年 1 月 24 日，时任安徽省委书记的万里来到小岗村，对小岗的包产到户明确表示：“地委批准你们干 3 年，我批准你们干 5 年。”对于有人批评小岗在“开倒车”的说法，万里说：“只要能对国家多做贡献，对集体能够多提留，社员生活能有改善，干一辈子也不能算‘开倒车’。谁要说你们‘开倒车’，这场官司由我跟他打去。”万里的讲话极大地鼓舞了小岗人，坚定了“大包干”的信心。到 1982 年上半年，安徽已普遍推行了以“大包干”为主要形式的家庭联产承包责任制，充分调动了广大农民的生产积极性，促进了农业生产的发展，提高了广大农民的生活水平。

家庭联产承包责任制的出现，释放了中国农民久被束缚的能量，改变了中国农业发展史，也开启了中国改革开放的历史。小岗村被视为“大包干”的发源地、“中国农村改革第一村”。

为了减轻农民负担，实现共同富裕，2000 年 3 月，安徽作为全

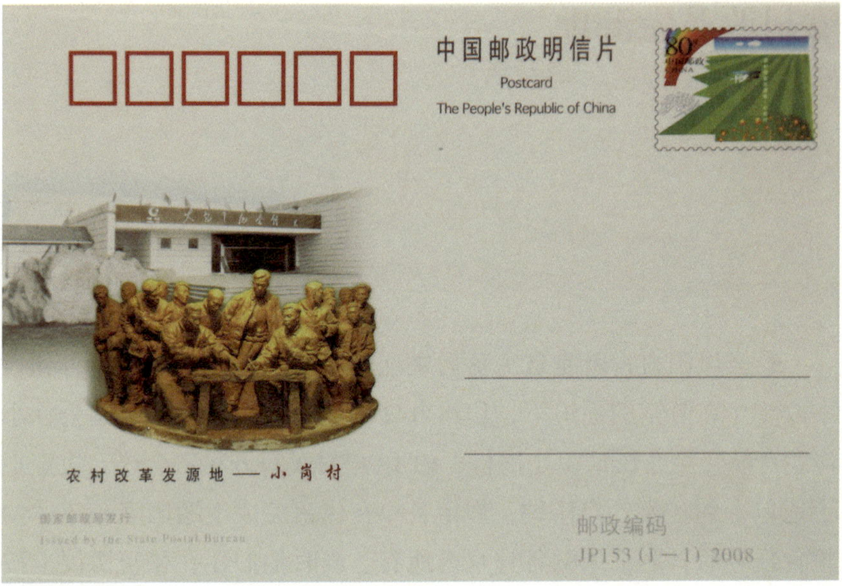

图 2-11.1

国唯一的农村税费改革试点省，全面启动了税费改革。2005 年，国家决定从 2006 年 1 月 1 日起全面取消农业税。

2008 年 10 月 12 日闭幕的十七届三中全会审议通过了《中共中央关于推进农村改革发展若干重大问题的决定》，对农村制度建设做出了具体部署：以家庭承包经营为基础，统分结合的双层经营体制是我国农村改革最重要的制度性成果。

如今，小岗村建有大包干纪念馆，真实地反映了小岗村的发展变化，供人们学习参观。

中国邮政 2008 年 12 月 18 日发行 JP153《农村改革发源地——小岗村》纪念邮资明信片一套 1 枚，片图为小岗村大包干纪念馆及《按手印》群雕（图 2-11.1）；2006 年 2 月 22 日发行《全面取消农业税》邮票一套 1 枚（图 2-11.2）。

图 2-11.2

奥运破零许海峰

1979年，国际奥委会恢复了中国的合法席位。1984年，中国第一次组团参加在洛杉矶举办的第23届奥运会。此时的中国，已经启动了改革开放，政治、经济、文化、体育等事业都有了长足的进步与发展。中国射击队优秀运动员许海峰，凭着实力与智慧，夺得中国在奥运会上的第一枚金牌，赛场上奏响了《义勇军进行曲》，实现了中国奥运史上“零”的突破，一雪百余年来“东亚病夫”的耻辱。

许海峰是我省和县人，1982年进入安徽省射击集训队。1984年进入国家射击队，任训练中心射击队助理教练兼运动员。在获得第23届奥运会射击金牌后，与队友合作，又为中国射击队在国际比赛中获得过诸多奖项。1994年年底退役后，先后担任国家射击队女子手枪主教练、国家射击队总教练，带领队员多次参加世界大赛，其中李对红在1996年亚特兰大奥运会上获女子运动手枪金牌，陶璐娜在2000年悉尼奥运会上获女子气手枪金牌，许海峰成为名副其实的金牌运动员和金牌教练员。许海峰在1984和1986年曾两次被评为“全国十佳运动员”，获得过“全国新长征突击手”“全国劳模”等称号。

随着中国综合国力的快速提升，体育事业也得到迅速发展。体育健儿在历届奥运会上，异军突起，越战越勇，很快进入了第一军团，使中国成为真正的体育强国。这其中不乏安徽体育健儿，合肥的李娜在2000年悉尼奥运会上获跳水冠军，阜阳的邓琳琳在2008年北京奥运会上获体操团体冠军、2012年伦敦奥运会上获体操个人冠军。

中国邮政 1984 年 8 月 1 日至 19 日发行 JP1《中国在第 23 届奥运会获金质奖章纪念》邮资明信片一套 16 枚，16–1 为“男子自选手枪”，描绘了许海峰比赛时的英姿（图 2–12）。

图 2–12

名士俊杰

道家创始人老子

老子，字伯阳，谥号聃，又称李耳，楚国苦县（今安徽涡阳）厉乡曲仁里人。中国古代哲学家和思想家，被道教尊为教祖，是世界文化名人。

老子曾任周王室史官，孔子也曾向其问礼。晚年他见周室日趋衰落，便退隐，并写下了《老子》。《老子》共八十一章，五千余字，因其言“道德之意”，故又称《道德经》。

老子系道家创始人，第一个提出“道”作为哲学的最高范畴，构成其思想体系的核心。他所提出的“无为而治”“绝圣弃智”“小国寡民”等主张，在我国具有深远的影响。老子用“道”来解释宇宙万物的演变，称“道可道，非常道”“人法地，地法天，天法道，道法自然”“道生一，一生二，二生三，三生万物”等，这些都可以说是中国哲学的基础。老子的思想中还有朴素的唯物辩证法思想，如“万物负阴而抱阳，冲气以为和”“有无相生，难易相成，长短相形，高下相倾，音声相和，前后相随”等，比较系统地揭示出事物的相互依存和转化。

图 3-1.1

涡阳县城东有始建于东汉的太清宫（俗称老子庙），是祭祀老子的地方，现存有元、明、清时期的石刻造像、碑

图 3-1.2

记以及正殿、耳房等清代建筑。

中国邮政 2000 年 11 月 11 日发行《古代思想家》纪念邮票一套6枚，6-3是“老子”（图3-1.1）；中国澳门邮政 2007 年 11 月 30 日发行《道德与伦理价值观》邮票一套4枚，4-1为金文书写的“道”字与老子像（图 3-1.2）。

传承道学称庄子

庄子（约前369—约前286），名周，字子休（亦说子沐），战国时期宋国蒙（今安徽蒙城）人，是战国中期著名的思想家、哲学家和文学家。创立了华夏重要的哲学学派庄学，是继老子之后，战国时期道家学派的代表人物，也是道家学派的主要代表人物之一。

庄子曾做过宋国蒙地方的漆园吏，史称“漆园傲吏”，被誉为地方官吏之楷模。庄子的学问渊博，对当时的各学派都有研究并进行过分析批判。楚威王听说他的才学很高，派使者带着厚礼，请他去做相国。庄子笑着对楚国的使者说：“千金，重利；卿相，尊位也。可你就没有看见祭祀用的牛吗？喂养它好几年，然后给它披上有花纹的锦绣，牵到祭祀祖先的太庙去充当祭品。到了这个时候，它就想当个小猪，免受宰割，也办不到了。你赶快给我走开，不要侮辱我。我宁愿像乌龟一样在泥塘自寻快乐，也不受一国君的约束，我一辈子不做官，让我永远自由快乐。”

庄子最早提出“内圣外王”的思想，对儒家影响深远。庄子洞悉易理，深刻指出“《易》以道阴阳”；庄子“三籁”思想与《易经》三才之道相合。

庄子的代表作品为《庄子》，原有五十二篇，现仅存三十三篇，包括内篇七篇、外篇十五篇、杂篇十一篇。一般认为，“内篇”为庄子自著，“外篇”和“杂篇”则出自其门人和后学之手。庄子继承了老子的道家思想，追求人和万物的同一性，向往“逍遥游”的人生理想境界，主张顺应自然、安时处顺的现实态度，深刻反思文明，

图 3-2.1

无情揭露现实。

《庄子》在先秦诸子散文中艺术成就最高，鲁迅认为：“其文则汪洋辟阖，仪态万方，晚周诸子之作，莫能先也。”全书具有强烈的主观性和抒情性；行文汪洋恣意，信笔挥洒，然似断实连，曲折有致，语言奇峭富丽，句式灵活，节奏铿锵，韵味无穷；善于用形象化的寓言、拟人化的设譬，驰骋于奇诡阔远的想象之域，使用闻所未闻的语言描写见所未见的种种情态，穷形尽相，形神俱现。

位于蒙城县的庄子祠始建于宋元丰元年（1078），后因被黄水淹没，于明万历八年（1580）重新修建。现在，明代的庄子祠也不复存在，仅有苏轼的《庄子祠堂记》犹存。1995 年，蒙城县委、县政府于宋代庄子祠堂旧址上第三次重新修建了庄子祠。

图 3-2.2

中国邮政 2000 年 11 月 11 日发行《古代思想家》纪念邮票一套 6 枚，6–4 为“庄子”（图 3–2.1）；中国澳门邮政 2007 年 11 月 30 日发行《道德与伦理价值观》邮票一套 4 枚，4–2 为金文书写的“德”字与庄子像（图 3–2.2）。

横槊赋诗曹孟德

曹操（155—220），字孟德，小名阿瞒，沛国谯县（今安徽亳州）人。东汉末年杰出的政治家、军事家、文学家、书法家，三国时期曹魏政权的缔造者。

曹操出生在官宦世家，他的父亲曹嵩本姓夏侯，因为后来成为中常侍大长秋曹腾的养子，于是改姓曹。曹操年轻时即已文武双全，先后任洛阳北部尉、顿丘令、议郎等职务。后因镇压黄巾军有功，升任济南相，又历任东郡太守、都尉、典军校尉等职，并组建自己的军事集团“青州兵”。

196 年，曹操率军进驻洛阳奉迎汉献帝，“奉天子以令诸侯”并迁都至许昌，之后逐步打败袁绍和其他割据军阀，统一了中国北部。208 年 12 月，曹操在赤壁之战中败于孙权和刘备联军，魏、蜀、吴三国鼎立局面由此形成。

此时，有人想拥曹操为帝，却被他拒绝。曹操说：“若天命在吾，吾为周文王矣。”220 年 3 月，曹操病逝于洛阳。同年 10 月，曹操长子曹丕立魏代汉，追尊曹操为太祖武皇帝。

曹操在北方屯田，兴修水利，解决了军粮缺乏的问题，对农业生产的恢复有一定作用；用人唯才，打破世族门第观念，罗致地主阶级中下层人物，抑制豪强，加强集权，所统治地区的社会经济得到恢复和发展。精于兵法，著《孙子略解》《兵书接要》等书。善诗歌，《蒿里行》《观沧海》等篇抒发了他自己的政治抱负，并反映出汉末人民的苦难生活，气魄雄伟，慷慨悲凉；散文亦清峻整洁，

图 3-3.1

开启并繁荣了建安文学，给后人留下了宝贵的精神财富，史称建安风骨，鲁迅评价其为“改造文章的祖师”。同时曹操也擅长书法，尤工章草，唐朝张怀瓘在《书断》中评其为“妙品”。

现亳州建有占地300多亩的曹操公园，分为纪念区、陵墓区、静休区、游乐区四部分。纪念区以曹操纪念馆为主体，面积2200平方米，内置曹操蜡像及展品，反映了曹操政治、军事、文学方面的千秋功业。陵墓区是曹操家族墓群，建有碑林、碑廊、甬道等，游人来此凭吊，尽抒怀古幽思。

中国邮政发行的《中国古典文学名著——〈三国演义〉》特种邮票上曾多次出现曹操形象：1988年11月25日发行T131《三国演义》（第一组），4–4为“煮酒论英雄”（图3–3.1），小型张“千里走单骑”（图3–3.2）；1990年12月10日发行T157《三国演义》（第

图 3–3.2

二组），4–1为“夜袭乌巢”（图3–3.3）；1994年11月24日发行1994–17《三国演义》（第四组），4–1为“横槊赋诗”（图3–3.4）；

图 3-3.3

图 3-3.4

图 3-3.5

2008 年 2 月 23 日发行 2008-3《京剧净角》特种邮票一套 6 枚，6-5 为“曹操”（图 3-3.5）。

才高八斗曹子建

曹植（192—232），字子建，沛国谯（今安徽亳州）人，出生于东阳武（今山东莘县），是曹操第三子。曹植是三国时期著名文学家、建安文学的代表人物，其代表作有《洛神赋》《白马篇》《七哀诗》等。后人因其文学上的造诣而将他与曹操、曹丕合称为“三曹”。

曹植自幼颖慧，10岁便诵读诗、文、辞、赋数十万言，出言为论，下笔成章，深得曹操的宠信。曹操曾经认为曹植在诸子中“最可定大事”，几次想要立他为太子。然而曹植行为放任，屡犯法禁，引起曹操的震怒，而他的兄长曹丕则颇能矫情自饰，终于在立储斗争中渐占上风，并于建安二十二年（217）得立为太子。建安二十五年（220），曹操病逝，曹丕继魏王位，不久又称帝。曹植的生活从此发生根本性改变，从一个过着优游宴乐生活的贵公子，变成处处受限制和打击的对象。黄初七年（226），曹丕病逝，曹叡继位，即魏明帝。曹叡对他仍严加防范和限制，因而他的处境并没有根本好转。曹植在文、明二世的12年中，曾被迁封过多次，最后的封地在陈郡。232年12月27日曹植逝世，卒谥思，故后人称之为“陈王”或“陈思王”。

诗歌是曹植文学活动的主要领域，前期与后期在内容上有很大的差异。前期诗歌可分为两大类，一类表现他贵介公子的优游生活，一类则反映他“生乎乱、长乎军”的时代感受。后期诗歌，主要抒发他在压制之下时而愤慨时而哀怨的心情，表现他不甘被弃置，希冀为世立功的愿望。今存曹植比较完整的诗歌有80余首。

曹植有赋文40余篇，这些文章流畅优美，代表作有《洛神赋》等名篇。作为建安文学的集大成者，曹植对于后世的影响深远，在两晋南北朝时期被推尊到文章典范的地位。钟嵘在《诗品》中誉“陈思为建安之杰”，并以为“骨气奇高，词采华茂，情兼雅怨，体被文志，粲溢古今，卓尔不群”。颇为自负的谢灵运也不得不赞誉说：“天下才有一石，曹子建独占八斗，我得一斗，天下共分一斗。”

中国邮政1994年6月25日发行1994–9《中国古代文学家（第二组）》纪念邮票一套4枚，4–2为“曹植”（图3–4.1）。2005年9月28日发行2005–25《洛神赋图》特种邮票1套10枚，《洛神赋图》是东晋著名画家顾恺之依据曹植《洛神赋》而创作的绘画作品。邮票设计者巧妙地用楷书将全篇1200字的《洛神赋》，不拘泥于原文段落，置于画面10处稍有空

图 3–4.1

图 3–4.3

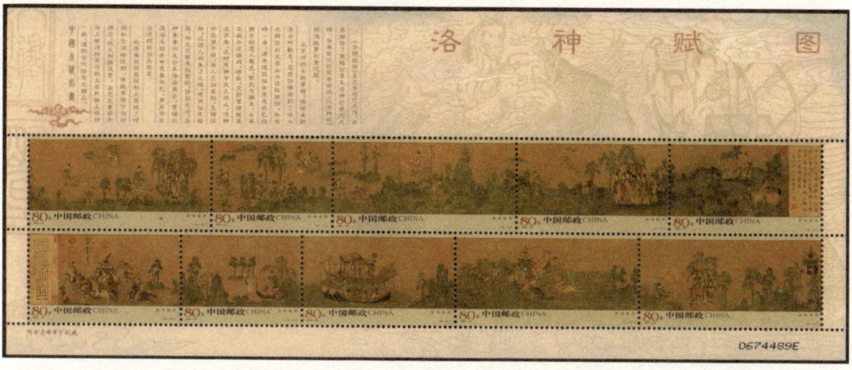

图 3–4.2

白的背景空间，文随空白而走，长短不拘，似画的题跋，自然错落，有一种书画结合的独特美感（图 3–4.2）。2015 年 11 月 12 日发行 2015–27《诗词歌赋》特种邮票一套 4 枚，4–4 为“曹植作赋”（图 3–4.3），描绘了曹植创作《洛神赋》的场景：他若有所思，洛神容仪服饰华美，乘车而来，飘逸脱尘。

铁面无私包青天

包拯（999—1062），字希仁，庐州合肥（今安徽肥东）人，北宋时期官员。

包拯出身于官宦家庭，28岁时考中进士。朝廷任命他为“大理评事”，大致相当于现在的法院陪审员；接着，又任命他为建昌（今江西永修）知县。由于父母年事已高，不愿意随他一起到江西赴任，包拯只好放弃官职，留在家里侍候父母。后来，朝廷又委派他到家乡附近的和州（今安徽和县）做官，负责管理税收钱粮，包拯虽去赴任，但是因为实在放心不下留在家中的父母，几个月后就辞官回家了。父母亡故后，36岁的包拯在双亲的墓旁筑起草庐，直到守丧期满，他还是徘徊犹豫、不忍离去，同乡父老多次前来劝慰勉励。许久后，包拯才去吏部接受调选，担任天长知县。在知县任上，他断了一个奇案——“割牛舌案”，因此声名远播。随后，他又先后调任端州知州、监察御史、天章阁待制、龙图阁直学士、河北路转运使、开封府尹、谏议大夫、枢密副使等官职。包拯做官以断狱英明刚直而著称于世。知庐州时，执法不避亲党；在开封时，开官府正门，使讼者得以直至堂前自诉曲直，杜绝奸吏。立朝刚毅，贵戚、宦官为之敛手，京师有“关节不到，有阎罗包老”之语。后世则把他当作清官的化身——“包青天”。

包拯被提拔为大理寺丞、知端州时，端州特产端砚是宋朝士大夫最珍爱时髦的雅器，当地每年要向朝廷进贡。凡在这里做“一把手”的官员，都在“贡砚”规定的数量外加征几十倍的数额以贿赂朝廷权贵，所谓“打点”中央的关系，此举加重了老百姓的负担。个性官员包拯一上任就高调破除这则运行多年的潜规则，下令只能按规定数量生产端砚，州县官员一律不准私自加码，违者重罚；并且表态，自己作为“一把手”，决不要一块端砚。此举在当地掀起轩然大波。3年后，包拯任期满，被调至中央任职，果然“岁满不持一砚归”。包公掷砚的故事就是以这个为蓝本创作的。

他弹劾陈州京西路转运司，揭露其歪曲政策“折变”盘剥灾民的罪行的事迹，被石玉昆的《三侠五义》再创作为家喻户晓的包公戏《陈州放粮》。民间渲染加工成开封府尹、钦差大臣“包青天”奉命查赈，剧中涉及国舅们害民肥私、包公查案遭人陷害、各路百姓掩护包公、包公怒铡皇亲国戚、成功放粮赈灾等事例，演绎了一个青天大老爷为民除害、不畏强权且惊心动魄、扣人心弦的故事。

包拯病逝后归葬在今合肥市东郊大兴集。合肥现有包公祠和包公墓园。包公祠位于包公文化园内的香花墩上，香花墩相传是包拯青少年读书处，此处原有一座小庙。明朝弘治元年（1488），庐州知府宋鉴拆除小庙，改建为“包公书院”。1539年，御史杨瞻把“包公书院”易名为“包公祠”。包公祠正殿正中端坐一座约八尺高的包公塑像，两边分别侍立着王朝、马汉、张龙、赵虎四大护卫，左侧陈列着龙头铡、虎头铡、狗头铡。包公墓园与包公祠紧紧相连，占地1200平方米。墓园内迁安了包拯及其夫人、子孙的遗骨。整个墓园庄重肃穆，寓包拯禀性峭直、刚毅之意。主要建筑上置有全国著名书法家赵朴初、刘海粟、启功、溥杰等撰书的楹联。

图 3-5.1

中国邮政1958年6月20日发行纪50《关汉卿戏剧创作七百年》纪念邮票一套3枚，3-1为“蝴蝶梦”，图案是包拯午睡时梦见蝴蝶的情景（图3-5.1）；2008年2月

23 日发行《京剧净角》特种邮票一套 6 枚，6–2 为“包拯”（图 3–5.2）；2015 年 8 月 8 日发行《包公》特种邮票一套 2 枚及小型张 1 枚，图案分别为“掷端砚”“铡美案”和“包公像”（图 3–5.3、图 3–5.4、3–5.5）；2006 年 5 月 22 日发行 PF 2006–7《合肥包公祠 · 包拯塑像》普通邮资信封一套 1 枚（图 3–5.6）。

图 3–5.2

图 3–5.3

图 3–5.4

图 3–5.5

图 3-5.6

抗倭名将戚继光

戚继光(1528—1587),字元敬,号南塘,晚号孟诸,山东登州(今蓬莱)人,祖籍安徽定远,明朝军事家、抗倭名将。

戚继光少时好读书,通经史大义。嘉靖二十三年(1544)依例袭父职为登州卫指挥佥事。当时山东沿海一带遭受到倭寇的烧杀抢掠,戚继光用“封侯非我意,但愿海波平”的诗句,表达了自己的抗倭决心。第二年,他调任浙江都司佥事,分守宁波、绍兴、台州(今临海)三府,负责抗倭。赴任后,他发现卫所的将士作战能力一般,而金华、义乌的人比较彪悍,于是去那里招募了3000人,经指导训练,将其训练成一支精锐的部队,后称“戚家军”。他根据南方多沼泽的地理特点制定阵法,又给自己的部队配备火器、兵械、战舰等装备,戚家军因此名闻天下。嘉靖四十年(1561),戚继光大败倭寇于台州,并奉命率师增援福建,在福建巡抚谭纶的指挥下,与刘显、俞大猷联合作战,剿平了福建、广东倭寇,解除东南沿海倭患。

隆庆二年(1568),戚继光被任命为总兵官,镇守蓟州、永平、山海关等处,因屡立战功,万历二年(1574)升左都督,并加封太子太保,被当国大臣高拱、张居正等倚重。戚继光在蓟州的16年间,加固长城,筑建墩台,整顿屯田,训练军队,制订车、步、骑配合作战的战术,形成墙、台、堑密切联系的防御体系,多次击退侵扰之敌,军威大振,蓟门因此平静。时人誉为“足称振古之名将,无愧万里之长城”。

戚继光在张居正死后受到排挤，于万历十一年（1583）调任广东总兵官；万历十三年（1585）以年老多病为由，谢职归家，回到原籍定远家人与亲属所在的故园——千秋乡永康里。后来，他被定远知县请进了县衙，教授青少年及子孙习武，在定远城留下了操箭巷、继光台、继光亭等英雄纪念地与纪念建筑物。清道光《定远县志》记：定远城乡民众自发聚集上千人，捐资出工，在县城南郊三里处修建一座园林，供戚继光静养安神。戚继光依自己名号取名“南塘园”，时人称之为“南塘村”，村名至今犹存。邑人凌烟臣《赠戚少保南塘诗》盛赞戚继光忠君报国与卓越功勋：“圣代昭灵运，人龙毓帝乡。才高班定远，名重郭汾阳。丹诏裁中翰，彤弓锡上方。钺临诸岛靖，剑彻九天芒。旗闪蛟龙色，环开日月光。江南雄保障，阙北仰干将。功业旅常伟，山河带砺长。图麟应有日，爵赐列侯王。”

万历十五年（1587），戚继光病逝。他一生著有《纪效新书》《练兵实纪》两部军事名著和《止止堂集》等。

中国邮政2008年7月19日发行2008-17《古代名将——戚继光》纪念邮票一套2枚，分别为“练兵”和“大捷”（图3-6）。

图3-6

知行合一陶行知

陶行知（1891—1946），安徽歙县人，中国现代教育家。他于1914年毕业于金陵大学，后赴美留学，1917年回国，历任南京高等师范学校教授、教务主任等。他反对“沿袭陈法，异型他国”，推行平民教育。

五四运动后，陶行知从事平民教育运动，创办晓庄师范。1930年4月，国民党反动政府以“勾结叛逆，阴谋不轨”为借口，武力封闭晓庄师范。陶行知受到通缉，被迫临时避难日本。1931年春，陶行知返回上海，任《申报》总管理处顾问，对当时《申报》的革新起了相当大的作用。1932年起，他先后创办了山海工学团、晨更工学团、劳工幼儿团，首创“小先生制”，成立中国普及教育助成会，开展“即知即传”的普及教育运动。1934年主编《生活教育》半月刊。7月，正式宣布将自己的名字由“知行”改为“行知”。

九一八事变后，陶行知积极从事抗日救亡运动。1936年，当选为全国各界救国联合会执行委员和常务委员。7月，与沈钧儒、邹韬奋、章乃器联合发表《团结御侮宣言》，毛泽东主席复信表示支持。接着，受全国救国联合会的委托，担任国民外交使节，出访欧、美、亚、非28个国家和地区，出席世界和平大会、世界新教育会议第七次年会、世界青年大会、世界反侵略大会，当选为世界和平大会中国执行委员，为光大中华民族在国际舞台上的形象做出了杰出的贡献。

1938年8月，陶行知回国路过香港，倡导举办了中华业余学校，推动香港同胞共赴国难。1939年7月，在四川重庆附近的古圣寺为儿童创办育才学校，培养有特殊才能的儿童。1946 年 1 月，在重庆创办社会大学，推行民主教育，培养出革命人才，并曾帮助一些进步青年前往革命根据地。其提出了“生活即教育”“社会即学校”“教学做合一”等著名口号，被毛泽东和宋庆龄等称为“伟大的人民教育家”和“万世师表”。

抗日战争胜利后，陶行知回到上海，立即投入反独裁、争民主，反内战、争和平的斗争。民主战士李公朴、闻一多遭国民党特务暗杀，陶行知被列为黑名单上的第三名。他一面做好了“我等着第三枪”的牺牲准备，一面继续坚持斗争，视死如归，始终站在民主运动的最前列。终因“累过度，健康过亏，刺激过深”，于 1946 年 7 月 25 日突发脑出血逝世，享年 55 岁。

位于歙县中和街的陶行知纪念馆，是在陶行知少年就读处——崇一学堂旧址基础上扩建而成，占地面积 1700 平方米，设有瞻仰厅、学陶厅、思陶厅、师陶厅、书画室等。在纪念馆里展出的百余件珍贵历史遗物中，陶行知的面模、手模、生活教育社社员证、陶行知出访国外使用的皮箱和陶行知楹联手迹“以教人者教己，在劳力上劳心”等属国家一级文物，从不同侧面反映了陶行知光辉的一生。

中国邮政 1991 年 10 月 18 日发行 J183《陶行知诞生一百周年》纪念邮票一套 2 枚（图 3–7）。第 1 枚邮票图案为“陶行知肖像”，是中国抗日战争初

图 3–7

期陶行知在墨西哥进行演讲的形象，角度与表情给人和蔼可亲、可敬的感觉；第 2 枚邮票图案为“求真与做人”，为陶行知着长衫、握手杖的全身像，原照片摄于 20 世纪 30 年代初，以陶行知的著名格言“千教万教教人求真，千学万学学做真人”为背景。

皖江英烈陈延年

陈延年（1898—1927），安徽怀宁人，陈独秀长子。1917 年考入震旦大学攻读法科。1919 年 12 月，陈延年和一批热血青年赴法国勤工俭学。在法国期间，他阅读了《共产党宣言》《社会主义从空想到科学的发展》等大量马克思主义著作，研究俄国十月革命，逐渐对马克思主义唯物史观、剩余价值理论、阶级斗争和无产阶级专政学说，有了较深刻的理解。同时，他与蔡和森、周恩来、赵世炎等人在法国领导和参加了几次实际斗争，对社会革命有了切身感受。这促使他毅然摒弃原先信仰的无政府主义，转而信仰马克思主义。1922 年 6 月，陈延年与赵世炎、周恩来等一起创建旅欧共产主义组织——中国少年共产党，并担任宣传部长。同年秋，加入法国共产党，不久转为中国共产党党员。赵世炎、周恩来、陈延年等被选为中国共产党旅欧支部领导成员。1923 年 3 月，陈延年受党派遣进入莫斯科东方劳动者共产主义大学学习。

1924 年夏，由于国内形势发展的需要，党急需大批干部领导群众开展革命斗争，党中央决定抽调旅俄旅法的同志回国工作。同年 10 月，陈延年回国后被党中央派赴广州，先后任社会主义青年团中央驻粤特派员、中共广东区委秘书兼组织部长。不久，又被命接替周恩来任中共广东区委书记。在广东期间，陈延年派遣大批同志分别奔赴广东、香港、广西、福建南部开展革命活动，发展党员，建立党的组织。在不到两年的时间里，党的组织迅速在广东、香港、广西和闽南建立起来，党员数量从原有的几百人发展到 5000 多人，占当时全国党员总数的三分之一左右。

陈延年还十分重视黄埔军校中党的工作。1925年1月，黄埔军校第二期学员入学后，党员人数有所增加，周恩来和陈延年遂决定将学生中原党支部扩大为中共黄埔军校特别支部，直属广东区委领导。同时成立了以共产党员蒋先云、陈赓、左权等为骨干的青年军人联合会，以团结左派革命军人。同年11月，周恩来和陈延年在征得孙中山同意后，决定组建海陆军大元帅府铁甲车队。为保证党对这支革命武装的领导，周恩来、陈延年从黄埔军校毕业生中抽调一批共产党员到铁甲车队工作，并动员一批工人农民和进步青年到铁甲车队当兵，使铁甲车队实际上成为我党掌握的第一支革命武装。1925年11月，在铁甲车队的基础上，周恩来、陈延年等商定，从黄埔军校毕业生中再抽调一批共产党员和共青团员作为骨干，建立了著名的叶挺独立团。

上海"五卅惨案"发生的第二天，陈延年主持召开广州市党团员大会，决定迅速发动群众进行反帝斗争，声援上海人民。随后，陈延年又主持广东区委会议，决定发动香港和广州沙面租界工人大罢工。1925年6月，由中共广东区委陈延年、苏兆征、邓中夏等领导的震惊中外的省港大罢工开始了。省港大罢工共坚持了16个月，直到1926年10月胜利结束。

在国共合作的大革命中，以陈独秀为首的党中央对国民党右派的进攻，采取了妥协退让政策。陈延年对此坚决反对，他以中共广东区委的名义报告党中央，要求中央坚决抛弃对国民党右派的妥协退让政策，并表示虽然自己和陈独秀是父子关系，"但我是共产党员，我坚决反对妥协退让的右倾机会主义错误"。1927年4月，陈延年赴武汉参加党的五大时，中央任命他接任中共江浙区委书记，他当即转赴上海，途中上海发生四一二反革命政变。陈延年虽未能出席党的第五次全国代表大会，但是仍被大会选为中央委员和政治局候补委员。

图 3-8

1927 年 6 月，中共中央撤销江浙区委，分别成立江苏省委和浙江省委，陈延年任中共江苏省委书记。在极为严重的白色恐怖笼罩下的上海，陈延年和赵世炎等不顾危险，部署工作，寻找失散的同志，恢复和重建党的组织，积极开展斗争。6 月 26 日，陈延年遭国民党军警逮捕。敌人为了得到上海中共党组织的秘密，对陈延年用尽酷刑，将他折磨得体无完肤,逼迫他供出上海的党组织。但陈延年以钢铁般的意志，严守党的机密，宁死不屈。敌人无计可施，从他身上得不到任何东西，遂残忍地将他杀害。陈延年牺牲时年仅 29 岁。

中国邮政 2011 年 2 月 21 日发行 2011–3《中国共产党早期领导人（三）》纪念邮票一套 5 枚，5–1 为“陈延年”（图 3–8）。

红军名将许继慎

许继慎（1901—1931），安徽六安人，是中国工农红军早期的杰出将领、军事家。1923 年 12 月加入中国共产党，1924 年 5 月考入黄埔军校第一期，1926 年任叶挺独立团第二营营长，参加北伐战争攻打平江、汀泗桥、贺胜桥等战役。

1930 年春，许继慎被党中央派往鄂豫皖苏区，任中国工农红军第一军军长，领导整编鄂东北、豫东南、皖西 3 块根据地红军，实现了鄂豫皖红军的统一领导和指挥。在许继慎等指挥下，红一军从 6 月到 8 月，先后攻克皖西和京汉铁路南段许多城镇，毙伤俘国民党军 7000 多人。红一军由组建时的 2300 多人很快发展到 5000 多人，相继取得英山、四姑墩、光山、金家寨、香火岭等战斗的胜利，巩固和扩大了鄂豫皖苏区。

1931 年，张国焘把持了鄂豫皖苏区的军政大权。许继慎明确反对张国焘提出的远离苏区、冒险进攻的错误军事方针，引起了张国焘的不满，加之国民党特务实施离间阴谋，致使许继慎遭到了逮捕。1931 年 11 月，许继慎被张国焘杀害于河南省光山县白雀园，年仅 30 岁。1945 年，在中共第七届党代会上，许继慎的冤案得到平反昭雪，恢复了党籍，被追认为“早年为党为国捐躯的人民军队的杰出将领”加以怀念。1989 年 11 月 29 日，许继慎被中央军委确认为 33 位中国无产阶级军事家之一。2009 年 9 月，他被评为 100 位为新中国成立做出突出贡献的英雄模范人物之一。

许继慎英勇善战，足智多谋，立下了赫赫战功。1930 年 7 月中

图 3-9

旬，许继慎指挥英山战役，这是红一军首次南下出击的重大战役，歼灭国民党军唐生智部韩杰旅三个团 2000 余人。在许继慎的英勇指挥下，红一军纵横驰骋于鄂豫皖根据地，连战连捷，皖西、豫东南根据地基本连成了一片，鄂东根据地扩大到黄陂北部和孝感大部分地区。在鄂豫皖苏区第一次反"围剿"斗争中，许继慎率领红一军对敌军实施连续奔袭、速战速决、出奇制胜的战术，打得敌军措手不及，皖西苏区很快全部恢复。周恩来总理称赞道："政治上很强，很能打仗，红四方面军的战斗作风与他有很大关系。"

在六安市裕安区青山乡土门店许继慎故居处，建有许继慎纪念馆，占地 6000 多平方米。纪念馆门前的汉白玉半身将军塑像，是世界著名雕塑大师刘开渠先生的关门之作，雕像的后面，是将军的衣冠冢，徐向前元帅题有"中国工农红军第一军军长许继慎同志之墓"的碑文。纪念馆共分 6 个部分，展示了早年为党为国捐躯的红军杰出将领、中国无产阶级军事家——许继慎将军短暂而辉煌的一生。

中国邮政 2002 年 8 月 1 日发行 2002-17《人民军队早期将领(一)》纪念邮票一套 5 枚，5-2 为"许继慎"（图 3-9）。

红色大使王稼祥

王稼祥（1906—1974），原名王嘉祥，又名王稼蔷，安徽泾县人。1925年加入中国共产主义青年团，同年10月赴苏联，先后在莫斯科中山大学和红色教授学院学习，1928年转为中国共产党党员，1930年回国。

1931年后，王稼祥任中国工农红军总政治部主任，中央革命军事委员会副主席，参与领导了第二至第四次反"围剿"。1934年1月在中共六届五中全会上被选为中央委员、政治局候补委员。同年2月主持召开中国工农红军全国政治工作会议，强调政治工作是红军的生命线，把思想教育作为红军政治工作的重要内容，并主持制定了政治工作的若干规章制度。在1935年1月召开的遵义会议上，支持毛泽东的正确主张，会后当选为三人军事小组成员。后来，还与张国焘的分裂活动进行坚决斗争。

抗日战争时期，王稼祥任中央军委副主席、总政治部主任，协助毛泽东处理有关党、军队和抗日根据地的重大事务，主持创办《八路军军政杂志》、八路军军政学院。1942年在延安参与领导中央军委机关的整风。1943年7月提出和论述"毛泽东思想"的科学概念。1945年6月当选为中共第七届中央候补委员。

解放战争时期，历任中共中央东北局委员、城市工作部部长、宣传部代部长。1949年3月在中共七届二中全会上递补为中央委员。

中华人民共和国成立后，任中国首任驻苏联大使（由此被人们称为"红色大使"），外交部副部长，中共中央对外联络部部长，中共第八届中央委员、书记处书记，中共第十届中央委员，第四届全国政协常委。1974 年 1 月 25 日在北京病逝。

王稼祥是毛泽东同志的坚定支持者。红军长征开始后，王稼祥由几个担架员抬着行军。走进广西时，他见部队由赣南出发时的 8 万多人只剩下 3 万多，焦急万分。这时，毛泽东生病也坐担架，二人在同行中不断交谈，都对党和红军的前途极为担忧。王稼祥坦率地表示，这样下去不行，应该把李德等人“轰”下台！毛泽东很赞成他的想法，两人商量应该召开政治局会议。接着，王稼祥又分别找到张闻天、周恩来、朱德和中央其他同志提出这一见解，并得到普遍赞同。1935 年 1 月，红军到达贵州遵义后，召开了政治局扩大会议。在毛泽东发言批评错误的领导后，王稼祥接着发言，第一个在会上提出应由毛泽东来领导红军。在绝大多数同志的拥护下，会议改选了领导，毛泽东成为政治局常委，王稼祥也被增选为政治局委员。这次会议，成为中国革命的一个转折点。

位于泾县桃花潭镇厚岸村的王稼祥故居，建筑面积 1130 平方米，为徽派风格，由序厅、展厅、游客中心三部分组成。故居 1986 年被定为安徽省重点文物保护单位，2001 年被批准为全国爱国主义教育基地、全国重点红色旅游景点。

中国邮政 1986 年 8 月 15 日发行 J130《王稼祥诞生八十五周年》纪念邮票一套 2 枚，图案分别为“王稼祥同志像”和“王稼祥

图 3-10.1

同志在延安”（图 3–10.1）；1985 年 1 月 15 日发行 J107《遵义会议五十周年》纪念邮票一套 2 枚，2–1 为“遵义会议”，画面再现了遵义会议会场，右 6 为王稼祥（图 3–10.2）；2006 年 10 月 22 日 2006–25《中国工农红军长征胜利七十周年》纪念邮票一套 4 枚，4–2 为“遵义会议”，画面为王稼祥随毛泽东等人一起走出会议室的情景（图 3–10.3）；2015 年 1 月 15 日发行 2015–3《遵义会议八十周年》纪念邮票一套 2 枚，2–2 为“遵义会议”，画面为遵义会议会场，左 2 为王稼祥（图 3–10.4）。

图 3–10.2

图 3–10.3

图 3–10.4

雕塑大师刘开渠

刘开渠（1904—1993），安徽萧县（今淮北市杜集区）人，著名的美术教育家、中国现代雕塑事业奠基人、中国美术馆事业奠基人、杰出的人民艺术家，曾任中央美术学院副院长、中国美术馆馆长。

刘开渠1920年考入北平艺术专科学校，1924年升入专门部西洋画系学习油画。1927年应聘为国立西湖艺术院助教兼图书馆主任，同年8月考入巴黎高等美术学校雕塑系，师从法国著名雕塑家让·朴舍教授，1931年他因学业优秀选入朴舍工作室当助手。1933年6月回国，任杭州艺术专科学校（中国美术学院前身）雕塑系主任、教授。1949年9月任国立杭州艺术专科学校校长。1951年任中央美术学院华东分院（中国美术学院前身）院长，兼任杭州市副市长。1953年借调到北京，任人民英雄纪念碑设计处处长、雕塑组组长。1959年调中央美术学院任副院长。1963年任中国美术馆馆长。曾当选为全国政协常委、中国美术家协会副主席、全国城市雕塑建设指导委员会主任、中国大百科全书总编辑委员会委员。著有《刘开渠美术论文集》，出版有《刘开渠雕塑集》《刘开渠雕塑选集》等，主持领导了人民英雄纪念碑浮雕的创作工作并创作其中的《胜利渡长江 解放全中国》及《支援前线》《欢迎解放军》等。1993年6月25日，刘开渠因病在北京逝世，享年90岁。

刘开渠是我国现代雕塑事业的奠基人。他一贯主张雕塑艺术在“创造一种新境界”的同时，应该起到“明劝戒，著升沉”的作用。他既精于西方写实雕塑技法，也注重继承中国古代雕塑的优秀传统，

图 3-11.1

图 3-11.2

融中西雕塑手法于一炉，其作品造型严谨朴实、手法细腻含蓄、人物神完气足，极具时代精神和民族风格。其对雕塑创作与教学有极高的理论研究，对中国雕塑的发展有着深远的影响。

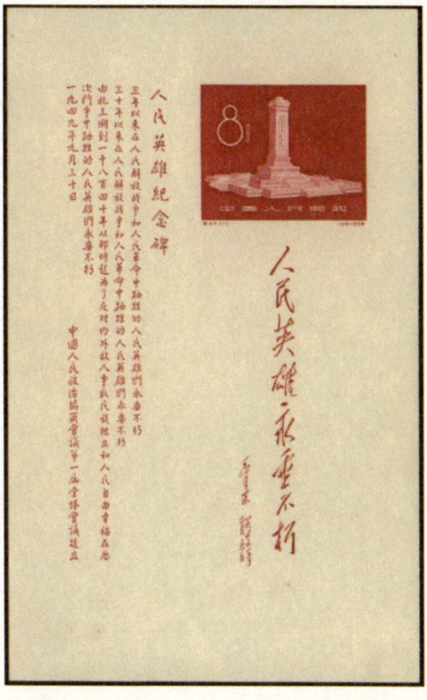

图 3-11.3

刘开渠纪念馆位于淮北市相山公园内，占地 4977 平方米，是由三部分组成的长方形庭院，是安徽省爱国主义教育基地。

中国邮政 2003 年 9 月 28 日发行 PF98《刘开渠塑像》普通邮资信封一套 1 枚，邮资图案为“刘开渠塑像”（图 3–11.1）；1958 年 5 月 1 日发行纪 47《人民英雄纪念碑》纪念邮票一套 1 枚、小全张 1 枚（图 3–11.2、图 3–11.3）。

两弹元勋邓稼先

邓稼先（1924—1986），安徽怀宁（今安庆市宜秀区五横乡白麟村）人，理论物理学家、核物理学家，中国科学院学部委员，中共第12届中央委员，我国核武器理论研究的奠基者、开拓者之一，也是我国研制、发展核武器在技术上的主要组织领导者之一，被称为“两弹元勋”。

邓稼先于1941年考取西南联大物理系，1945年毕业，翌年被聘为北京大学物理系助教，曾任北大教职工联合会主席。1948年赴美国印第安纳州普渡大学攻读原子核物理专业。1950年取得博士学位一周后便踏上了归国旅途。回国后分配在新成立的中国科学院近代物理研究所，从事原子核理论研究。1958年由钱三强推荐调入第二机械工业部核武器研究院任理论部主任，负责核武器的理论设计，从此开始长达28年的秘密生涯，领导开展了爆轰物理、流体力学、状态方程、中子输运等基础理论研究，对原子弹的物理过程进行了大量模拟计算和分析，领导完成原子弹的理论方案，并参与指导核发试验的爆轰模拟试验，迈出了中国独立研制核武器的第一步。他生前参与了中国进行的32次核试验，其中亲自去罗布泊指挥试验队达15次。

1972年后，邓稼先先后任核武器研究设计院（即第九研制院）副院长、院长。1982年任核工业部科技委副主任，1986年任国防科工委科技委副主任。

邓稼先是中国核武器研制与发展的主要组织者、领导者，在他

图 3-12

逝世后 13 年，被追授为“两弹元勋”。邓稼先始终在中国武器制造的第一线，领导了许多学者和技术人员，成功地设计了中国原子弹和氢弹，把中华民族国防自卫武器引领到了世界先进水平。邓稼先于 1967 年领导并亲自参与了中国第一颗氢弹的研制和实验工作。

1982 年获国家自然科学奖一等奖，1985 年获两项国家科技进步奖特等奖，1986 年获“全国劳动模范”称号，1987 年和 1989 年各获一项国家科技进步奖特等奖，1999 年被追授“两弹一星功勋奖章”。由于他对中国核科学事业做出了伟大贡献，被称为“两弹元勋”。

邓稼先同志在一次实验中，受到严重的核辐射，身患直肠癌，于 1986 年 7 月 29 日在北京逝世，终年 62 岁。邓稼先同志在弥留之际，还用生命的最后一丝智慧和力气，与于敏合写并共同署名了一份关于中国核武器发展的建议书，向祖国献上了一片真诚。该建议书的内容至今仍然保密。

中国邮政 2014 年 10 月 16 日发行《中国现代科学家（六）》纪念邮票一套 6 枚，6–4 为“邓稼先”（图 3–12）。

科技人文

廿四节气载宝典

在中国古代科技成就的宝库中，二十四节气无疑是一颗璀璨的明珠。它是中国古代劳动人民长期经验的积累和智慧的结晶，是中华民族历经千百年考察气候变化与农业生产关系而总结出来的宝贵的科学遗产。二十四节气综合了天文学和气象学以及农作物生长特点等多方面知识，比较准确地反映了一年中的自然特征，成为指导农业生产的“圣经”。

2100多年前的西汉前期，江淮之间形成了当时中国一个重要的文化学术中心。数千名“俊伟之士”，云集淮水之滨，纵论天下兴亡，探讨学术方技。而它的首倡者，就是被誉为“天下奇才”的淮南王刘安。二十四节气第一次完整、科学的总结，便出自淮南王刘安编撰的《淮南子》。《淮南子·天文训》中记载有：“两维之间九十一度十六分度之五，而（升）[斗]日行一度，十五日为一节，以生二十四时之变。斗指子则冬至……”它用北斗斗柄旋转的方向和度数，确立了纪年、四季、二十四节气的历法体系。

在中国辽阔的疆域中，农作物生长真正与二十四节气结合得比较密切的只有黄河以南的部分地区，特别是江淮地区结合得更加紧密。许多关于农作物和节气之间的农谚，基本上都流行于江淮地区。可以断定，总结出二十四节气的祖先肯定是生活在江淮地区的古代先民，由于《淮南子》一书是在今寿县一带所编成，而寿县又是标准的江淮气候，当年刘安把二十四节气收入该书时，肯定经过了认真考察研究。因此，有理由认为，“寿县是二十四节气的发祥地”。

2006年，“农历二十四节气”和“清明节”同时被国务院列入第一批国家级非物质文化遗产名录。

中国邮政2005年8月18日发行PF156《淮南子》普通邮资信封（图4–1.1），邮资图展现了《淮南子》古籍珍本，以纪念这部经典的著述。

中国邮政2003年9月15日发行本册式一套12枚（图4–1.2），12枚邮资片的邮资图分为4组，每组邮资图的图案相同，分别表示春、夏、秋、冬。每枚邮资片的背面有两个图案，一幅主图，一幅副图，表现2个节气，分别是立春和雨水、惊蛰和春分、清明和谷雨、立夏和小满、芒种和夏至、小暑和大暑、立秋和处暑、白露和秋分、寒露和霜降、立冬和小雪、大雪和冬至、小寒和大寒。明信片图案采用中国绘画艺术，作者在传统洒金宣纸上以现代中国工笔技法创作了节气的主图，构图严谨秀逸，重彩描绘，富有浓郁的民族特色；副图为写意画，笔墨酣畅淋漓，体现了传统和现代审美的完美结合，予人以古朴典雅的审美情趣。

中国邮政2010年4月5日发行2010–8《清明节》特种邮票一套3枚（图4–1.3），内容分别为“祭祖”“踏青”“插柳”。经过

图4–1.1

图 4-1.2

图 4–1.3

2000 多年不断的传承和延续，清明节所承载的内容也不断丰富和拓展——祭拜先祖、缅怀英烈、放飞风筝、踏青春游，已成为中华民族一个十分重要的节日。

2015 年 2 月 4 日，时值立春之日，中国邮政又发行了 2015–4《二十四节气(一)》特种邮票一套 6 枚，展示了 6 个节气，分别是“立春”“雨水”“惊蛰”“春分”“清明”和“谷雨”（图 4–1.4），邮票图案反映了这 6 个节气的相应场景。另外 18 个节气的邮票，将分 3 组在日后陆续发行。

图 4–1.4

活字印刷耀五洲

中国是最早发明印刷术的国家，早期的印刷方法是把图文雕刻在木板上用水墨印刷的，现在的木板水印画仍用此法，统称为“雕版印刷术”。到了唐代，雕版印刷在我国已非常盛行，并先后传至朝鲜、日本、越南、菲律宾、伊朗等国，影响到非洲和欧洲。11世纪以后，随着社会生产的发展，印刷术出现了许多重大的改革和发明。宋代庆历年间，平民发明家毕昇（？—约1051）首创泥活字版，使书籍印刷更为方便。他总结了历代雕版印刷丰富的实践经验，经反复试验，在宋仁宗庆历年间（1041—1048）制成了胶泥活字，实行排版印刷，完成了印刷史上一项伟大的革命。

据沈括的《梦溪笔谈》记载，毕昇发明在胶泥片上刻字，一字一印，烧硬后，便成活字。排版前，先在置有铁框的铁板上敷一层用松脂、蜡、纸灰混合制成的药剂，活字依次排在上面，加热，使蜡稍熔化，以平板压平字面，泥字即固着在铁板上，可以像雕版一样印刷。活字制版避免了雕版的不足，只要事先准备好足够的单个活字，就可随时拼版，大大加快了制版时间。活字版印完后，可以拆版，活字可重复使用，且活字比雕版占用的空间小，容易存储和保管。

长期以来，相关文献中都认定徽州（今安徽歙县）是毕昇故里，而近年的一些考古新发现却导致有关毕昇故里的争论。关于毕昇的有关争论也许还会继续下去，然而，弘扬毕昇精神，把毕昇文化发扬光大，才最适应时代的需要。

中国邮政2000年3月1日发行TP12《世纪交替千年更始——

中国古代科学技术》特种邮资明信片一套 10 枚，10–1 为“四大发明”（图 4–2），邮资图和明信片背面的图案完全相同，展示了中国古代四大发明的实物图例，左侧就是闻名世界的活字印版。

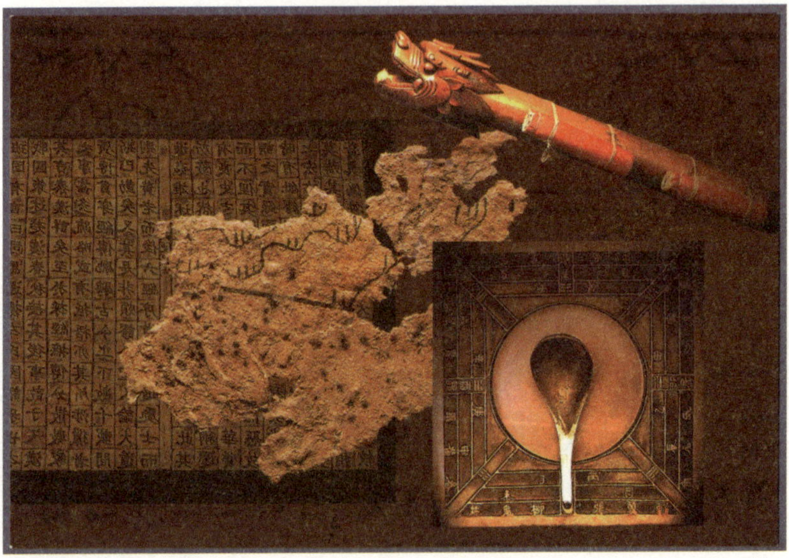

图 4–2

名校大师育英才

2008 年 9 月 20 日，适逢中国科学技术大学（以下简称中科大）50 年华诞，中国邮政发行了 2008-23《中国科学技术大学建校五十周年》纪念邮票 1 枚（图 4-3.1）。邮票的图案体现了这所研究型高等学府的特色。校徽是一个学校文化的载体，跃然于主图最显著的位置，并被比拟成原子核，电子在轨道上绕核运行；图案背景采用纯白色，衬托灰色“50”字样，中间隐含原子和分子结构、电脑芯片、编码等反映现代高科技的符号，强调了中科大以前沿科学和高新技术为主的学校特质与建校 50 年来不平凡的历程。中科大登上“国家名片”，是国家对这所学校的最大肯定和褒扬。从某种意义上讲，这可能是一枚空前绝后的高等学府邮票。之前已发行邮票的高校创建都在百年以上，今后也不大可能再有成立五十周年而发行邮票的高校了。

图 4-3.1

坐落于安徽合肥的中科大创建于 1958 年，首任校长为郭沫若先生。它的创办被誉为“我国教育史和科学史上的一项重大事件”。建校初期，学校名家云集，群星灿烂，严济慈、华罗庚、钱学森、赵忠尧、郭永怀、赵九章、贝时璋等一大批国内顶级科学大师，都在学校任职任教。50 年来，学校人才辈出，成果累累，正在向世界一流研究型大学的目标稳步前行。

近30年来，国家邮政部门发行的现代科教名人邮票中的名人，在中科大任职任教过的学术大师占有相当大的比例。这些邮票，反映了人们“尊师重教”的精神，也在一定程度上彰显了中科大的学术教育地位。

图 4–3.2

中国邮政1982年11月16日发行J87《郭沫若诞生九十周年》纪念邮票一套2枚（图4–3.2），这是中科大人物首次亮相国家名片。

中国邮政1988年4月18发行J149《中国现代科学家（一）》纪念邮票一套4枚，其中有2枚与中科大有关。4–3为中国物理学奠基人之一的吴有训教授（图4–3.3），时任中科院副院长，是中科大的创建人之一；4–4是中国数学领域的学术泰斗华罗庚教授（图4–3.4），时任中科院数学所所长，他为中科大的创建积极奔走呼吁，建校后为数学系首任系主任，“文革”后升任副校长。华老长期在中科大任教，直至逝世，为中科大的创建发展做出了巨大贡献。

中国邮政2006年5月13日发行2006–11《中国现代科学家（四）》纪念邮票一套4枚，4–3展现的是严济慈教授的风采（图4–3.5）。

图 4–3.3

图 4–3.4

图 4–3.5

严济慈教授是我国最著名的物理学大师之一，早年留学法国，回国后，历任北平研究院物理所所长、中国物理学会理事长。新中国建立后，历任中科院应用物理研究所所长、技术科学部主任、中科院副院长，并担任了全国人大常委会副委员长。中科大成立后，他兼任应用物理系主任，讲授普通物理等课程，后接替郭沫若先生出任中科大第二任校长。

中国邮政2011年5月25日发行2011–14《中国现代科学家（五）》纪念邮票一套4枚，其中2枚邮票上的科学大师贝时璋（4–1）和钱学森（4–2）都是中科大的建校元勋。贝时璋教授（图4–3.6）是我国生物物理学奠基人，曾任中科院实验生物研究所和生物物理研究所所长，中国动物学会和生物物理学会理事长，他主持创办了中科大生物物理系，为首任系主任，并主讲生物物理等课程。钱学森教授（图4–3.7）是国际航空航天领域的著名科学家，为我国“两弹一星”事业的发展厥功至伟。中科大建校后，他担任近代力学系首任系主任，亲自讲授物理力学、火箭技术导论等课程，为学校教学科研做出

图 4–3.6

图 4–3.7

图 4–3.8

图 4–3.9

了杰出贡献。

中国邮政2014年10月16日发行2014–25《中国现代科学家（六）》纪念邮票一套6枚，其中又有两位科学大师与中科大有关，他们分别是赵九章（6–2）和郭永怀（6–3）。赵九章教授（图4–3.8）是我国地球物理学和空间物质学的开拓者，曾任中科院地球物理所和应用地球物理所所长、卫星设计院院长、中国气象学会和地球物理学会理事长，1999年获“两弹一星”功勋奖章。他是中科大应用地球物理系创立者，为首任系主任，讲授宇宙电动力学等课程。郭永怀教授（图4–3.9）也是国际著名的空气动力学专家，曾任中科院力学所副所长，中国工程物理研究院副院长，1999年获“两弹一星”功勋奖章。中科大成立后，他任化学物理系首任系主任，主讲边界层理论等课程。这两位大师都为中科大的创建发展做出了重要贡献。

工业发展铸辉煌

中国邮政 1978 年 7 月 22 日发行 T26《钢铁工业》邮票一套 5 枚，5–2 为“炼铁”，画面是以安徽马钢一铁厂炼铁车间为原型构图的（图 4–4.1），展现了炼铁炉前一幅绚丽壮观的场面：火红的铁水奔泻而出，铁花四溅，炉前工人全副武装，紧张作业，经受着高温的“烤”验和洗礼，迎接着熔炼后的优质铁水出炉。

提起这套邮票，不能不谈及邮票设计大师孙传哲先生到马鞍山采风的故事。1976 年春，孙老带着设计《钢铁工业》邮票的任务到马鞍山收集素材，他先到马钢姑山铁矿采矿场采访，然后到炼铁、炼钢的现场考察，创作出高炉和平炉的画稿。回到北京后，有冶金专家向他指出，平炉炼钢的方法是从苏联引进的，已经落伍，不能反映时代特征，炼钢应画转炉。于是，孙老不顾年已花甲，又风尘仆仆地南下上海、武钢和马钢等地，奔波数月，最终确定了炼焦、炼铁、炼钢、轧钢和成品 5 个画面，组成了《钢铁工业》这套邮票。

孙老为邮票设计能来马钢采风，本身就表明马钢在我国钢铁行业具有举足轻重的地位。马钢是我国特大型钢铁联合企业，经过 50 多年的艰苦创业、自我积累和滚动发展，现具备 1800 万吨钢的配套生产规模，总资产近 1000 亿

图 4–4.1

元。马钢在我国钢铁史上，曾创造过太多的辉煌。1964 年 7 月 29 日，马钢成功轧制了我国第一个直径 840 毫米辗钢整体车轮，结束了我国车轮轮箍长期依赖进口的历史。1998 年 7 月 4 日，马钢建成投产了我国第一条热轧大 H 型钢生产线。如今，马钢拥有世界先进水平的冷热轧薄板生产线、高速线材生产线、中国最先进的热轧大 H 型钢生产线和亚洲最大的车轮轮箍专业生产厂，形成了独具特色的“板、型、线、轮”产品结构，产品出口到 48 个国家和地区。在全球钢铁企业竞争力排序表中，马钢已进入前十。T26《钢铁工业》邮票的发行，就是对马钢精神的弘扬，也是对马钢工人们永恒的表彰。

中国邮政 1991 年 9 月 20 日发行 T165《社会主义建设成就（四）》邮票一套 4 枚，其中第 1 枚图案表现的是洛阳玻璃厂荣获国家金质发明奖的“洛阳浮法”流水线终端，终端旁有一台叉车正缓缓驶来，配合流水线作业（图 4–4.2）。这种叉车就是合肥叉车厂生产的 CPQ4 宽视野叉车，因其载重 4 吨，恰与 4 吨箱配套使用。据了解，洛阳玻璃厂自 1958 年以来，一直使用由合肥叉车厂生产的“合力牌”叉车，每年购买超过 10 台。

合肥叉车厂是全国著名的叉车制造基地，其产品畅销全国，多年来为我国社会主义建设做出了应有的贡献。改革开放后，经改制重组，成立了合肥广力叉车有限公司，研制生产出数十种叉车品类和型号，年产各类叉车及物流装备 10000 余台（套），现已成长为国产叉车企业中以规模化、品牌化、网络化和专业化著称的大型现代龙头企业。合肥叉车厂的发展历程是合肥工业发展的缩影，也是安徽工业发展的一个侧影。

图 4–4.2

中国邮政 2003 年 10 月 18 日发行 PF99《铜陵市雕塑——起舞》普通邮资信封一套 1 枚（图 4–4.3），邮资图案是一尊硕大的铜爵雕塑，如同两个抽象的起舞的人形，故取名“起舞”。这尊雕塑，点明了铜陵市的特质——中国著名的铜都。

铜陵，是中华民族青铜文化的发源地之一，也是迄今为止江南地区发现的规模最大的古代采铜、冶铜基地。从商代开始炼铜铸器，唐、宋、元、明、清均设置炼铜的官办机构。鸦片战争后，各列强侵入中国，英、日等国先后来这里侵占铜矿主权。日本侵略者多年进行掠夺性开采，矿产资源备遭破坏。

新中国成立后，特别是改革开放以来，铜陵市有色工业获得了高速的发展，不断书写着自己在中华民族炼铜史上的荣光：在这里，诞生了新中国第一座铜冶炼厂，第一次采用工业化提铜技术，产出了新中国第一炉铜水、第一块铜锭，第一个发明转炉机械化捅风眼……

随着铜陵市铜矿资源的逐渐枯竭，城市开始了华丽转型。目前，中国最大的贵金属冶炼和渣选矿两大接续项目已经建成，这座新中国最老的铜冶炼基地厂正在化蝶重生。

让我们再来细细品味邮资图中的这尊雕塑，两个起舞的人形，宛如两个健壮的大汉，昂首挺胸，并肩而舞，舞姿神似古今矿冶工

图 4-4.3

人的坚毅、热情和豪放，寓意古铜都的崛起和腾飞，蕴含着“古朴厚重、熔旧铸新、自强不息、敢为人先”的铜都精神。

铁路建设展新貌

新中国成立后，铁路建设获得了快速发展，安徽省的铁路建设也取得了显著的成就。新中国成立前，只有京沪线经过安徽东部地区。如今，安徽的铁路线纵横交错，以合肥为中心，连接了省内各市，形成通达全国主要城市的快速客运铁路网。

在铁路发展的过程中，京九铁路的建成无疑是我国铁路建设高速启动的里程碑。京九铁路是我国第五条南北铁路干线，始于北京，跨越京、津、冀、鲁、豫、皖、鄂、赣、粤九省市，止于香港九龙，于1996年9月1日通车。京九铁路途径我省重镇阜阳，结束了阜阳不通铁路的历史，极大地促进了阜阳地区经济文化的发展。中国邮政1996年9月1日发行1996-22《铁路建设》特种邮票一套4枚，4-3为“京九铁路”（图4-5.1）。邮票画面上，火车沿九江长江大桥飞驰而过，十分壮观。

京沪高速铁路是世界上一次建成线路最长、标准最高的高速铁路，也是新中国成立以来一次投资规模最大的建设项目。它于2008年4月18日开工，2010年11月15日铺轨完成，2011年5月11日进入运行试验阶段，同年6月30日正式开通运营。从北京南站出发终止于上海虹桥站，总长度1318千米。全线纵贯北京、天津、上海3个直辖市和河北、山东、安徽、江苏4省。安徽境内设站的城市有宿州、蚌埠、定远和滁州，大大地改善了我省运输格局，促进了社会经济发展，方便了人们的出行。中国邮政2011年6月30日发行2011-16《京沪高速铁路通车纪念》纪念邮票一套1枚（图4-5.2）。

图 4-5.1　　图 4-5.2

为纪念中国铁路 130 周年，中国邮政 2006 年 12 月 28 日发行 2006-30《和谐铁路建设》特种邮票一套 4 枚、小型张 1 枚。小型张为“铁路第六次大提速”（图 4-5.3），展现了中国铁路第六次大提速的主角“和谐号”，在荧光灯下可清晰地看到我国中长期铁路网规划图。从中可以看到，在我国高铁的快速发展中，安徽省占据着重要位置。目前，京沪、沪汉蓉、合福等高铁已经开通，商合杭、郑合、合安等高铁和城际铁路陆续开建。几年后，安徽的高铁将以合肥为中心，构筑成纵横交错的高铁网。

图 4-5.3

胡庆余堂济世难

在杭州城美丽的西子湖畔、吴山脚下，有一座风格别致的江南庭院——胡庆余堂雪记药号，这是由颇富传奇色彩的安徽籍“红顶商人”胡雪岩于清代同治十三年（1874）所创办。100多年来，胡庆余堂以其精湛的制药技艺和独特的人文价值，赢得了“江南药王”之美誉，与北京同仁堂并称为中国著名的南北两家国药老店，有“北有同仁堂，南有庆余堂”之说。中国邮政2010年11月20日发行2010–28《中医药堂》特种邮票1套4枚，4–2为“胡庆余堂”（图4–6）。

胡雪岩（1823—1885），安徽绩溪湖里村人。幼年时期，家境贫寒，但胡雪岩贫不失志，少年时即表现出诚信不贪的品德。小时候有一次给东家放牛，在路上拾得一个包袱，打开一看，里面尽是白花花的银子，他把牛拴在路边吃草，将包袱藏起来，然后坐在路边等待失主。几个时辰后，失主才慌慌张张地找了过来，胡雪岩问清情况后，从草丛中将包袱取出交还给了失主。这位失主原是杭州的大客商，不久，他又来到绩溪，把胡雪岩带到杭州学做生意去了。

图4–6

胡雪岩天资聪颖，勤奋好学，不谋私利；加上他胆大心细，自信诚实，以及他独特的经商才能，很快从一个小伙计一跃而成为阜康钱庄的老板，后在各省设立阜康银号20余处，并经营中药、丝茶等业务，成为徽商巨头。据称他是当时的“中国首富”，获得慈禧亲授的红顶戴和黄马褂，成为历史上的第一个“红顶商人”！

胡庆余堂创立之初，胡雪岩便告诫店员“凡百贸易均着不得欺字，药业关系性命，尤为万不可欺，余存心济世，誓不以劣品弋取厚利，惟愿诸君心余之心。采办务真，修制务精……”

“采办务真”，这“真”指的是入药的药材一定要“真”，力求“道地”。胡雪岩派人去产地收购各种道地药材。如去山东采购驴皮，去淮河流域采购淮山药、生地、黄芪，去川贵采购当归、党参，去江西采购贝母、银耳，去汉阳采购龟板，去关外采购人参、鹿茸等。从源头上就着手抓好药品的质量。

“修制务精”，这个“修”是中药制作的行业术语；“精”就是精益求精。其意是员工要敬业，制药求精细。在胡庆余堂百年历史中，流传着许多精心制药的故事。如“局方紫雪丹”，是一味镇惊通窍的急救药，按古方制作要求最后一道工序不宜用铜铁锅熬药，为了确保药效，胡雪岩不惜血本请来能工巧匠，铸成一套金铲银锅，专门制作紫雪丹。现金铲银锅被列为国家一级文物，并被誉为中华药业第一国宝。邮票图案上，就表现了药工们使用金铲银锅精制中药的场景。

李白诗韵冠天下

当涂县城东南的青山西麓，有一座苍松掩映、翠竹环绕的古墓，千百年来，无数人跋山涉水前来凭吊。长眠于墓中的，就是名动中华的唐代浪漫主义大诗人，人称“诗仙”的李白（701—762）。

李白，“笔落惊风雨，诗成泣鬼神”，以热血铸就千首诗篇，在中国诗坛上，可谓“千载独步，唯公一人”；李白，一生多次游历皖山皖水，在马鞍山当涂就留下 50 余首华章妙诗；李白，满怀对马鞍山当涂、采石矶的无限眷念，度过了人生的最后两年。

中国邮政 1983 年 8 月 10 日发行 J92《中国古代文学家(第一组)》纪念邮票一套 4 枚，4–1 为“李白”（图 4–7.1）。为突出李白超脱飒爽的风度，图案选取《黄鹤楼送孟浩然之广陵》的意境，描绘了李白一个人潇洒地屹立江边，眺望逐渐消失的孤帆远影，怀着对友人的深情，吟诗相送：“故人西辞黄鹤楼，烟花三月下扬州。孤帆远影碧空尽，唯见长江天际流。”

图 4–7.1

2001 年，为纪念李白诞生 1300 周年，中国邮政发行 TP21《李白诗选》特种邮资明信片一套 6 枚，每枚明信片的片名和邮资图都表现了李白的诗作，其中 3 枚与安徽有关。

6–1 为《望天门山》（图 4–7.2），

这是李白在当涂天门山前吟写的诗作：“天门中断楚江开，碧水东流至此回。两岸青山相对出，孤帆一片日边来。”看，天门山雄奇壮观，江水浩浩荡荡，孤帆乘风破浪，越来越靠近天门山，诗人在舟上欣睹名山胜景，心潮澎湃，目接神驰。

6–3 为《独坐敬亭山》（图 4–7.3），诗作如下：“众鸟高飞尽，孤云独去闲。相看两不厌，只有敬亭山。”邮资图描绘了这首诗的内涵，鸟儿们飞去无踪，浮云也不愿留下，只有这高高的敬亭山，默默无语，与诗人相互注视，谁能理解诗人此时寂寞的心情？只有这高大的敬亭山了。

6–4 为《赠汪伦》（图 4–7.4），诗文如下：“李白乘舟将欲行，忽闻岸上踏歌声。桃花潭水深千尺，不及汪伦送我情。”这是一首清水出芙蓉般的赠别诗。诗仙以“桃花潭水深千尺”来反衬汪伦的相送之情，行文质朴清新，有出神入化之妙。

2005 年 10 月 25 日，第一届中国诗歌节在安徽马鞍山举行，中国邮政发行 JP133《中国第一届诗歌节》纪念邮资明信片一套 1 枚（图 4–7.5），邮资图展现了《唐诗三百首》的古籍珍本，邮资片图右侧的诗作为《望天门山》，左侧的建筑是长江流域四大名楼之一的马

图 4–7.2

图 4–7.3

图 4–7.4

鞍山采石矶太白楼。

据史料记载，采石矶太白楼始建于唐元和年间，后毁于战火，现存太白楼系光绪三年（1877）兵部右侍郎彭玉麟捐资重建。新中国成立后，几经修葺，面貌一新，1956年被列为安徽省重点文物保护单位。太白楼临江随坡而建，背依翠螺山，造型古朴典雅，给人以肃穆庄重之感，千百年来享有“满楼风光满楼诗”“风月江天贮一楼”之美誉。如今，太白楼已成为文人顶礼膜拜的圣地。

中国邮政2000年4月22日发行FP12《安徽风光》风光邮资明信片一套10枚，10-8为“采石矶”；2002年10月9日发行PF2002-28《采石矶》普通邮资信封一套1枚。（图见“皖江奔涌竞风流”篇）

图 4-7.5

名亭千载映醉翁

说到滁州，人们自然会想到琅琊山，想到醉翁亭，想到欧阳修。琅琊山的自然风光、人文景观，都远近闻名。琅琊山最有名的景点是醉翁亭，它被誉为全国“四大名亭”之首。醉翁亭建成后，欧阳修作《醉翁亭记》以记之，使滁州琅琊山、醉翁亭逐渐名播天下，远扬四海。

2007 年 8 月，值欧阳修 1000 周年诞辰之日，中国邮政于当月 6 日发行 JP141《古代文学家欧阳修诞生 1000 周年》纪念邮资明信片一套 1 枚（图 4–8.1）。邮资图上，欧阳修侧靠座椅，静心沉思，似乎在酝文遣词，构想新作。邮资片左下侧图案，描绘了醉翁亭古朴

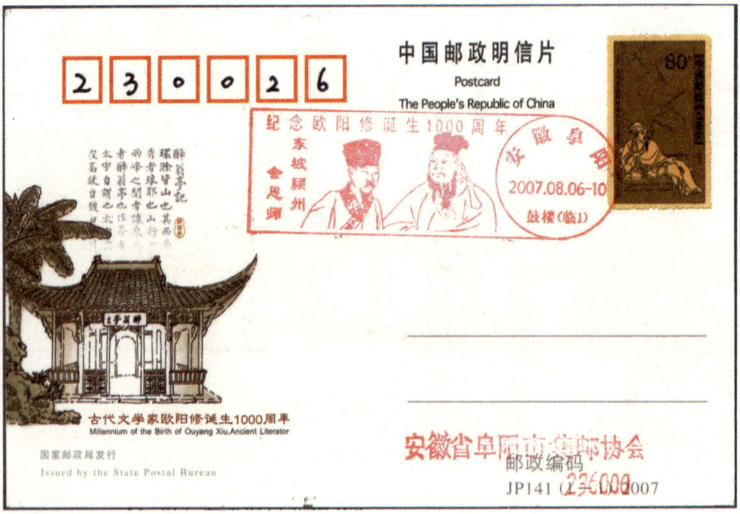

图 4–8.1

灵秀的风貌，古亭上方为《醉翁亭记》中的部分名句。

欧阳修（1007—1072），江西吉安人，字永叔，号醉翁，晚号六一居士。宋仁宗天圣八年（1030）中进士，后历任枢密副使、参知政事、刑部尚书、兵部尚书等职。庆历五年（1045），因直言而被贬为滁州太守，在滁州任职两年零四个月。知滁期间，依旧保持轻松慵懒的态度，为政“宽简”，让自己和百姓都过得轻松。但这样的执政方式，反而使滁州被治理得井井有条。

欧阳修是北宋诗文革新运动的领袖，对诗风词风进行了革新，在诗、文两方面确立了宋代文学的基本风格，是“唐宋八大家”之一，在散文、诗、词等方面均有突出的成就。在滁州，他留下了《醉翁亭记》和《丰乐亭记》等不朽名篇，展示了他不同凡响的文学艺术才华。据说，《醉翁亭记》的开头原本花了好多笔墨，描绘滁州四周的山。最后这些描写被欧阳修改成了“环滁皆山也”5个字，简练中见隽永，成为散文史上的名句。

图 4-8.2

图 4-8.3

醉翁亭的由来与成名，与欧阳修是分不开的。欧阳修在滁州做太守期间，感于时愤，寄情山水，常与宾朋去琅琊山游玩，在琅琊寺饮酒抒怀。琅琊山和尚智仙很同情和敬爱欧阳修，为了给欧阳修歇脚和饮酒，就在半山腰造了这座亭子。欧阳修自号“醉翁”，便为这亭子题名为“醉翁亭”。醉翁亭落成后，吸引了不少游人。当时的太常博士沈遵慕名而来，观赏之余，创作了琴曲《醉翁吟》，欧阳修亲为其配词。现在冯公祠前面的一副对联“泉声如听太守操，海日已照琅琊山”，便是说的这件事。事隔数年之后，欧阳修和沈遵重逢，“夜阑酒半”，沈遵操琴弹《醉翁吟》，“宫声三迭”“有如风轻日暖好鸟语，夜静山响春泉鸣”。琴声勾起了欧阳修对当年在亭间游饮往事的追忆，即作诗以赠。醉翁亭因欧阳修及其《醉翁亭记》而闻名遐迩，数百年来虽然多次遭劫，但终不为人所忘，曾有人撰写了一副对联：“翁去八百载，醉乡犹在；山行六七里，亭影不孤。”新中国成立后，人民政府将醉翁亭列为省级重点文物保护单位，并多次整修。如今，这处千载胜境，更加秀美，游客不断。

中国邮政 2000 年 4 月 22 日发行 FP12《安徽风光》风光邮资明信片一套 10 枚，10–2 为“醉翁亭”（图 4–8.2）；2004 年 11 月 6 日发行 2004–27《中国名亭（一）》特种邮票 1 套 4 枚，4–4 为“醉翁亭”（图 4–8.3）。

《儒林外史》称经典

中国邮政2011年3月21日发行2011-5《中国古典文学名著——〈儒林外史〉》特种邮票一套6枚。《儒林外史》是一部杰出的现实主义长篇讽刺小说，在中国古代文学史中具有重要的地位，作者就是清代安徽籍作家吴敬梓。

吴敬梓（1701—1754），安徽全椒人，字敏轩，号粒民，晚号文木老人、秦淮寓客。其一生创作了大量的诗歌、散文和史学研究著作，有《文木山房集》《文木山房诗说》等。

吴敬梓的一生，生活和思想变化极大。生活上，由富裕坠入贫困；思想上，对功名富贵表现出截然相反的看法。他成长于累代科甲的家族，在与"上层人士"的长期接触中，愤慨地看到官僚的徇私舞弊、豪绅的武断乡曲、膏粱子弟的平庸昏聩、举业中人的利欲熏心、名士的附庸风雅和清客的招摇撞骗。加上他个人生活由富而贫，很容易觉察"上层人士"翻云覆雨的嘴脸。通过《儒林外史》这部长篇小说，他描绘了一些深受八股科举制度毒害的儒生形象，深刻揭露了当时世俗风气的败坏；同时，也刻画了一些不重科举、讲究实际、有益于社会的人物。

2011-5这套邮票选择了《儒林外史》中的6个故事，票名分别是"王冕画荷""范进中举""两根灯草""马二先生游西湖""杜少卿夫妇游山"和"沈琼枝利涉桥卖文"（图4-9）。

"王冕画荷"：王冕是元末明初的诗人、画家，因拒绝明代开国皇帝朱元璋的征聘，成为世人心目中的高士。邮票图案以王冕画荷为题，彰显他出污泥而不染的高尚品格，针砭后面行将陆续登场而醉心科举功名的人物，可谓“隐括全书”的故事。

“范进中举”：范进为考中举人耗尽毕生精力，得知自己中举时，竟喜极而狂，变成了疯子。邮票图案表现了他岳父胡屠户打他一巴掌的场景，使其恢复神智，这凸显了科举的荒谬、读书人的愚昧和辛酸。

“两根灯草”：监生严致和在生死弥留之际，为两根灯草而伸出两个指头，不肯瞑目，描绘了一个人人耻笑的守财奴。

“马二先生游西湖”：马二先生游览西湖，不觉上水之优美，不查美女之靓丽，唯一令其动心的是一座供着皇帝御书的大楼，慌忙拂尘舞蹈、顶礼膜拜，勾勒出一个呆头呆脑、丧失了生活情趣的

图 4-9

腐儒形象。

“杜少卿夫妇游山”：杜少卿和夫人携手游山，这在清代被视为不规矩之事。作者安排杜少卿如此亮相，有意显示自己违理抗俗的性情。

“沈琼枝利涉桥卖文”：穷读书人家的女儿沈琼枝被大盐商骗做小妾，因不甘受屈辱，出逃到南京卖文、刺绣，常受地痞骚扰。邮票图案表现了杜少卿不顾世人讥议，资助这位孤立无援弱女子的情境。

这套邮票的艺术表现手法也很有特色。设计师采用了历久弥新的勾线填色的传统方式，增添了工笔国画中的晕染法，讲究用笔的变化和书写性，整个画面因此显得生动传神、层次鲜明、富有韵味。

神童故事世代传

中国古代有不少神童的故事传说，如甘罗拜相、孔融让梨、曹冲称象、骆宾王咏鹅、司马光砸缸等，对少年儿童的教育有所助益。这其中就有两则与安徽有关的故事传说。

一则表现聪明睿智的故事是曹冲称象。曹冲（196—208），字仓舒，东汉末年沛国谯县（今安徽亳州）人，曹操幼子，少年时就敏于观察，十分聪慧。曹操对其十分宠爱，数次对群臣夸耀他，还曾有让他继嗣之意。

据说曹冲五六岁时，智力心思就达到了成年人那样的程度。孙权曾经送来一头大象，曹操想要知道大象的重量，便向他的下属询问这件事，众人皆想不出称象的办法。曹冲说："把大象放到大船上，在水面到的地方刻上记号，再把其他东西装上船，等到了记号那里，只要称一下这些东西的重量，就可以知道大象的重量了。"曹操听了很高兴，立刻派人称出了大象的重量。

建安十三年（208），年仅 13 岁的曹冲得了重病，曹操亲自为他向天请求保全生命，却未能奏效。曹冲死后，曹操极为哀痛。曹丕宽解安慰曹操，曹操说："这是我的不幸，却是你们的幸运啊。"随后便流下了眼泪。

中国邮政 2008 年 6 月 1 日发行 2008-13《曹冲称象》特种邮票一套 2 枚，分别为"载象刻舟"和"换物知重"（图 4-10.1），小本票 1 本（图 4-10.2）。

另一则表现机智勇敢的故事是司马光砸缸。司马光（1019—

图 4-10.1

图 4-10.2

1086）是北宋政治家、史学家，陕州夏县（今属山西）涑水乡人。

司马光5岁时，其父司马池奉调到安丰（今安徽寿县西南）任职，全家迁居淮南西路寿州（今安徽凤台）。7岁那年的一天，他跟小伙伴们在后院玩耍。院子里有一口大水缸，有个小孩爬到缸沿上玩耍，一不小心掉到缸里。缸大水深，那孩子一下就没顶了。别的孩子们一见出了事，吓得哭喊着跑到外面向大人求救。司马光机敏地从地上捡起一块大石头，使劲向水缸砸去，“砰！”水缸破了，缸里的

图 4-10.3

水流出来，淹在水中的小孩一下就得救了。司马光遇事沉着冷静的故事一下就传开了，汴京、洛阳的人们还将这件事用图画记载下来，广为传扬。

中国邮政 2004 年 6 月 1 日发行 2004–11《司马光砸缸》特种邮票一套 3 枚，分别为“落水”“砸缸”“获救”（图 4–10.3）。

徽风皖韵靓华夏

中国戏曲有着悠久的历史、独特的魅力和深厚的群众基础，是表现和传承中华优秀传统文化的重要载体。安徽的戏曲艺术也源远流长，品类丰富，有徽剧、黄梅戏、庐剧、泗州戏（拉魂腔）、淮北梆子、坠子、皖南花鼓戏等。这些剧种深深扎根民间，受到广大群众的喜爱。

众所周知，京剧是中国的国粹，但京剧的前身是徽剧，可以说，京剧带有安徽的遗传基因。清乾隆五十五年（1790）后，三庆、四喜、春台、和春四大徽班陆续进京，与来自湖北的汉调艺人合作，同时接受昆曲、秦腔的部分剧目、曲调和表演方法，又吸收了一些地方民间曲调，通过不断的交流、融合，最终形成京剧。

为弘扬国粹艺术，中国邮政曾多次发行以京剧艺术为题材的邮票。除《梅兰芳舞台艺术》《京剧脸谱》《马连良舞台艺术》等邮票外，还以系列邮票的方式发行了京剧四大行当——生、旦、净、丑邮票。在这些邮票中，有几位古代安徽籍人物登台亮相。下面，让我们来欣赏品味这几枚邮票吧。

2007年3月10日发行2007-5《京剧生角》特种邮票一套6枚，6-3为三国时期东吴名将周瑜（图4-11.1）。邮票图案描绘的是京剧《群英会》中的小生周瑜，设计者采用写实的人物形象和靓丽的色彩，展示了“周瑜”在扮相、服饰等方面的独特魅力。邮票中的周瑜衔着翎，竖着眉，动感十足，很有视觉冲击力。

2008年2月24日发行2008-3《京剧净角》特种邮票一套6枚，

6-2描绘的是京剧《铡美案》中铁面无私的宋代清官包拯(图4-11.2)。京剧净角俗称花脸，以面部化妆运用图案化的脸谱为标志，演唱风格粗犷浑厚，动作大开大阖，邮票画面着力表现了这一特征。请看，包拯铜锤花脸扮相，身着黑缎盘金绣福、禄、寿大底云肩游龙衮派蟒，配腰带，勾黑脸，挂黑满髯，充分展现出包拯正气凛然、威武有力、铁面无私的包青天形象。

《京剧净角》6-5描绘的是三国时期的一代豪杰曹操（图4-11.3）。邮票画面以京剧《长坂坡》中的曹操为题材，他身着红缎盘金绣吐水大龙蟒，配腰带，头带相纱，勾水白脸，挂黑满髯，一幅架子花脸扮相。红色蟒袍象征人物位高权重，水白脸表示了曹操的狭隘、多疑，画面的服饰和人物的耸肩动作，展现出曹操“挟天子以令诸侯”的豪迈气派。

图 4-11.1

图 4-11.2

图 4-11.3

黄梅戏旧称黄梅调或采茶戏，发源于以安庆市为中心的皖江流域，经过100多年的发展，最终以完整的独立剧种形式诞生于安庆地区，成长于安庆地区，兴盛于安庆地区，现已成为安徽主要的地方戏曲剧种和全国知名的大剧种。

黄梅戏唱腔淳朴流畅，明快抒情，具有丰富的表现力；表演质朴细致，真实活泼，成为演绎、传播中国传统文化的重要戏曲，深受全国广大民众喜爱。2006 年 5 月 20 日，经国务院批准，黄梅戏被列入第一批国家级非物质文化遗产名录。

中国邮政 2014 年 7 月 6 日发行 2014-14《黄梅戏》特种邮票一套 3 枚，分别是《天仙配》《女驸马》和《打猪草》（图 4-11.4）。

《天仙配》是黄梅戏的扛鼎之作，讲述了董永与七仙女凄美动人的爱情故事。邮票构图呈现了“树上的鸟儿成双对”“夫妻双双把家还”的感人场面。邮票中的人物以中国工笔画技法绘制，线条采用传统的“高古游丝描”和“钉头鼠尾描”结合，完美体现了人物的心境和神态。

《女驸马》讲述了民女冯素珍为救被陷害的李兆廷一家，女扮男装参加科举考试而状元及第的故事。邮票图案展现了《女驸马》剧目中最有代表性的场景，“中状元，着红袍，帽插宫花好啊好新鲜”。画面人物形象鲜明，体态、表情惟妙惟肖，内容的设计注意刻画细节，女驸马身上的蟒袍、头上的宫花和腰间的玉带，都以云龙为主题花纹，点明了人物的特定身份。

《打猪草》说的是一个男孩与一个女孩因打猪草，损坏了农作物而产生矛盾，通过对歌化解矛盾的故事。其中的“郎对花，姐对花，一对对到田埂下……”早已成了流行歌曲，邮票图案充分表现了男女两童对视、对唱，活泼可爱的生动形象。

图 4-11.4

中国邮政2002年10月26日发行2002–23《民间传说——董永与七仙女》特种邮票一套5枚（图4–11.5），同时发行小本票1枚（图4–11.6）。5枚邮票的票名和构图，基本上依据了黄梅戏《天仙配》的剧情，分别是“孝心感天”“下凡结缘”“织锦赎身”“满工还家”和“天地同心”，表现了董永行孝、路遇、夜织云锦、满工和诀别的五个故事情节。

这套邮票的设计者为国家一级美术师、黄山市书画院院长俞宏

图 4–11.5

图 4–11.6

理先生。他大胆吸收了徽州民间雕刻的艺术营养，将装饰画法和写实手法巧妙结合，应用到邮票设计中去。作品中人物用写实化手法，不做变形夸张处理，使作品平民化，拉近了与观众的距离；场景用装饰化手法，赋予了作品浪漫的情调和艺术的想象空间。在组成场景的树木、山石、建筑的处理上都运用了徽州雕刻技法，大胆夸张，富于装饰味，追求视觉效果的生动性和冲击力。纵观五张邮票，色调和谐统一，幅幅皆有两位主人公，人物布局呈优美的曲线，富于变化。

安徽颍上是花鼓灯的故乡。颍上花鼓灯是由劳动人民创造的以舞蹈为主要内容的综合性艺术形式，有歌有舞有戏剧，具有独特的艺术风格和丰富的艺术语言，它的舞蹈动作刚健朴实、欢快热烈、动作洒脱，表演风格富有浓郁的乡土气息；其音乐源自民歌，题材广泛，节奏多变，或高昂激越，或婉转纤柔，是汉族具有代表性和震撼力的民间舞蹈之一，曾被周总理誉为“东方芭蕾”。颍上花鼓灯的主要内容是表达人民期盼政通人和、国泰民安、风调雨顺、人寿年丰的良好愿望，展现淮河儿女的礼义风情、勤劳勇敢，表现青年男女纯真、朴实的爱情，体现了人们对幸福生活的执着与向往。

图 4-11.7

中国邮政2007年8月发行PF202《民间舞蹈——颍上花鼓灯》普通邮资信封一套1枚（图4–11.7）。邮资图和信封图，分别展现了一对青年男女和一对中年男女对歌对舞的欢快场面，浓郁的乡土气息，刚健奔放的舞姿，将颍上花鼓灯的艺术特色表现得淋漓尽致。

文物瑰宝遍江淮

文物是人类文化的实物遗存，是遗留至今的物质文化遗产。安徽地处华东，历史悠久、人文荟萃，文化底蕴深厚，是中华文明的重要发祥地之一，境内历史文化资源众多、数量巨大、分布广泛，可谓“全国文物大省”。中国邮政发行的邮票和邮品中，呈现了部分出土于江淮大地或为安徽人所收藏的历史文物。

龙虎尊和兽面纹斝

1957 年 6 月的一天，安徽省阜南县朱寨徐海孜村农民徐廷兰在小润河边撒鱼，他万万没有想到，这网一撒竟捞出八件青铜器。它们都是 3000 多年前帝王将相们的用具，其中一件是兽面纹斝，另一件后经郭沫若先生考证，方知是中华民族十大国宝之一的龙虎尊。龙虎尊的发现，一下子震惊了中国史学界。从 20 世纪 50 年代末始，党和国家领导人毛泽东、朱德、周恩来、邓小平等先后到安徽博物馆参观这件稀世国宝。如今，龙虎尊已为中国国家博物馆收藏。

龙虎尊，因器身纹饰有龙虎而得名，此尊比常见的尊大，是一种形制特殊的商代大型青铜盛酒器。侈口，束颈，折肩，鼓腹，高圈足。高 50 厘米，口径 45 厘米，重 26.1 千克。从邮票图案上可以看到，龙虎尊颈下饰三周凸弦纹，肩上饰三条蜿蜒的龙，龙首探出肩外成为高浮雕。腹部是三组相同的虎食人纹样，以龙首下的三条扉棱为界，虎头突出瞪眼张口，两边是对称的虎身。虎口下蹲一个双臂曲举的人，神情悲惧。圈足下部饰三组平雕兽面纹。整个器物纹饰精美，绚丽多彩。龙虎尊集平雕、浅浮雕和高浮雕于一身，尊的内壁随器表的浮雕而凹凸，做到了器壁厚薄均匀。所有这些都通过铸造工艺表现出来，这种独特风格的铸造技艺，即便采用现代精密的铸造技术，也很难达到满意的效果。这件精美绝伦的龙虎尊，目前我国仅此一件，属国宝重器。

龙虎尊是华夏五千年政治、文化、历史和经济的有力佐证，更是华夏儿女高度智慧的实证，为研究商代青铜器的造型艺术和铸造艺术提供了重要的实物资料，具有极高的历史价值和珍贵的艺术价值。

兽面纹斝高46厘米，口径22厘米，腹围54厘米，腹深19.5厘米，耳高12厘米，足高16厘米，重3.95千克。侈口，口沿上竖立一对高耸的伞帽柱，饰火纹，圆腹，三尖足截面呈“T”形。腰腹分段，上下段均饰兽面纹，兽面除双目外，皆由云雷纹组成。兽面纹的上下各以一周圆圈纹作界栏，伞帽饰涡纹。花纹单叠，无底纹相衬，底范连壁。“斝”盛行于商晚期至西周中期，用于盛酒或温酒，阜南县出土的这件兽面纹斝，造型庄重雅致，纹饰美观精细，可谓斝中之精品。

中国邮政1964年8月25日发行特63《殷代铜器》邮票一套8枚，8-4为“斝”（图4-12.1）、8-7为“尊”（图4-12.2）。

图 4-12.1

图 4-12.2

虢季子白盘

虢季子白盘是迄今为止所发现商周时代青铜器中最大的铜盘，原本在道光年间出土于陕西宝鸡的虢川司。后被郿县县令徐燮收购，带回老家常州珍藏起来。

清同治三年（1864）的初夏，时任直隶提督的淮军名将刘铭传（1836—1896，合肥西乡，今肥西县铭传乡人），率军攻陷了太平军驻守的常州城，住进了护王府内。时至午夜，刘铭传正在灯下读书，万籁俱寂当中传来悦耳的金属叩击之声，声音不大但极有穿透力。刘铭传顿生好奇之心，当下秉烛往寻。转到屋后见有马厩，声音即由此传出。细审视，始知是马笼头上的铁环碰了马槽所发出的声响，但这声响非同一般。刘铭传蹲下细看，见此马槽硕大，槽壁在烛光中发着深沉的幽光，伸手一试，重不可举；轻叩之，发声清远玄妙。刘铭传心中有数，此马槽绝非寻常之马槽。次日一早，刘铭传命马夫将马槽刷洗干净，见其外壁四边各饰两个兽首衔环，整个外壁满布纹饰；内底具长铭，通篇工整严谨。他知是宝物，旋即命人押运送回合肥老家的刘老圩村、西乡大潜山下之蟠龙墩予以珍藏。

刘铭传得到虢季子白盘，却给他一家四代带来了极大的麻烦。军阀、日寇、国民党官吏纷纷索取。刘家人不得不把盘埋于深土，举家出逸。直至 1949 年新中国成立，刘铭传第四代孙刘肃曾才将盘挖出，献给国家，现珍藏于中国国家博物馆。

虢季子白盘长 137.2 厘米、宽 86.5 厘米、高 39.5 厘米、重 215.3 千克，盘内底部有铭文 111 字，讲述虢国的子白奉命出战，荣立战功，周王为其设宴庆功，并赐弓马之物，虢季子白因而作盘以为纪念。铭文语句以四字为

图 4−12.3

主，修饰用韵，文辞优美，是一篇铸在青铜器上的诗；其书法极具新意，用笔谨饬，圆转周到，被视为西周金文中的绝品，具有极高的审美价值和史料价值。

中国邮政 1954 年 8 月 25 日发行特 9《伟大的祖国——古代文物（第五组）》特种邮票一套 4 枚，4–3 为“虢季子白盘”（图 4–12.3），这是新中国发行的第 1 枚青铜器题材邮票。

鸭纽盖铜鼎

这件文物铸造于春秋时期（前 770—前 476），通高 27.1 厘米，口径 13.9 厘米，球腹，三蹄足，腹部有纹饰，环形兽面双耳，盖中央伫立一鸭形动物，此纽造型极其生动，整座器物精巧玲珑，与殷、商、西周时期鼎的沉重、威严、神秘、雄奇风格大相径庭，其独特的造型艺术令人耳目一新。它于 1971 年在安徽铜陵出土，现藏于铜陵市博物馆。

中国邮政 1973 年 11 月 20 日发行 66–77《“文化大革命”期间出土文物》邮票一套 12 枚，12–9（编 74）为“鸭纽盖铜鼎”（图 4–12.4）。

图 4–12.4

多年来，鸭纽盖铜鼎的身世一直是个谜，集邮者中几乎无人知道它出土于何时何地。直到 2014 年第 2 期《安徽集邮》刊载了铜陵市两位集邮者的文章，这个被封尘 40 余年的谜才拨云见日，理清了它的来龙去脉。

出现在《“文化大革命”期间出土文物》这套邮票中的文物是从当年在北京举办的“文化大革命”期间出土文物展览的展品中挑选的。当时参展单位共

12个省（市、区）。经各部门商定，每个省（市、区）选出一件文物作为邮票图案，按文物考证时间的远近朝代排列顺序，全套邮票12枚。

此前，12枚邮票中，11件文物的出土时间和地点都已确定，唯独缺少鸭纽盖铜鼎的资料。当年的展览，安徽是参展单位之一，但已知的11件文物，无一出土于安徽。铜陵市的集邮者基于这一线索，进行了认真细致的查证。他们从安徽省博物馆的网页中查到相关资料，但器物被署名为鸟纽盖铜鼎，文字说明是："春秋时期青铜器，1971年出土于铜陵火车站基建工地。"两个名称不同，是否为同一件青铜器呢？为进一步确证，他们走访了铜陵市博物馆，见到了这件实物真品，但又标名为鸟纽盖铜盉。博物馆张馆长对命名的差异解释说：盖上动物由"鸭"改为"鸟"，原因有二，一是盖上动物造型更像鸟而不像鸭；二是春秋时期，铜陵地区先后归属吴越，出土的很多器物都有鸟的图腾崇拜装饰。这件青铜器为何是"盉"而非"鼎"？原因是，盉是古代盛酒、调酒、温酒的用具，较为小巧；鼎是烹煮、盛食的炊器，比较厚重；而更重要的是，这件器物腹部中间有一个直径近2厘米的规整的圆形孔洞，这是古人方便倒酒而留下的，鼎不可能有此孔洞。

十几年来，多批专家、学者到铜陵参观、研究，都认为鸟纽盖铜盉的命名更科学、更接近青铜器自身的造型，基本没有什么争议。

鸟纽盖铜盉的造型独特，至今尚无相同器物出土，可谓是独一无二的国宝级珍品，也是铜陵市博物馆的"镇馆之宝"。这件青铜器铸造于春秋时期，距今已有近3000年的历史，对于安徽古文明的探索和铜陵先秦青铜工艺的研究也具有十分重要的意义。

鬼脸钱和殊布

中国邮政1982年2月12日发行T71《中国古代钱币（第二组）》

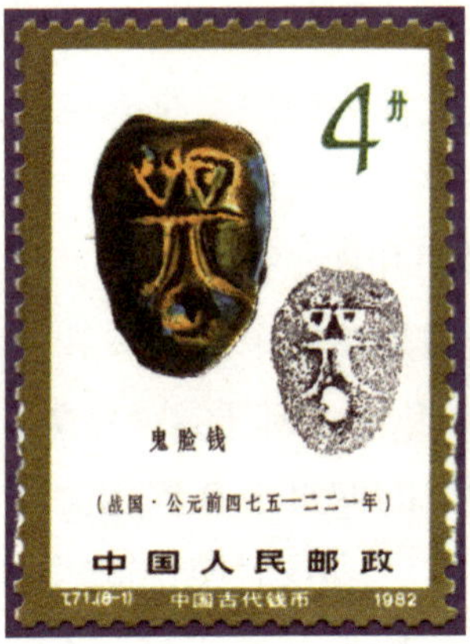

图 4–12.5

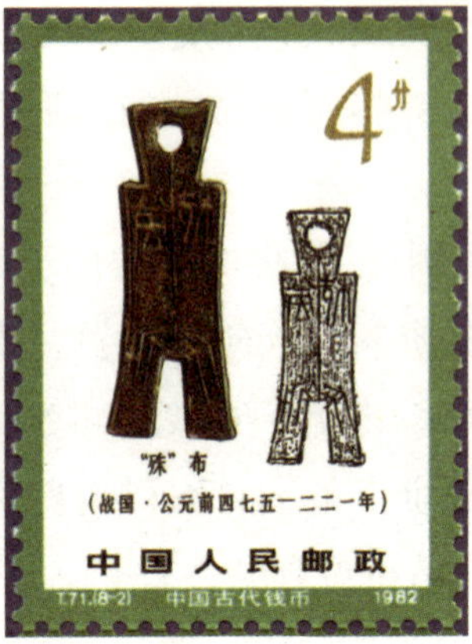

图 4–12.6

邮票一套8枚，8–1为“鬼脸钱”（图4–12.5），它是楚国中晚期（约公元前4—公元前3世纪）仿海贝铸造的铜贝形货币，钱面铭文仿佛是一张吓人的鬼脸，俗称“鬼脸钱”，这枚鬼脸钱出土于安徽寿县；8–2为“‘殊’布”（图4–12.6），为战国时期楚国使用的铲形货币，币文释法不一，俗称“殊”布，安徽省宿州等地出土。

鬼脸钱一般长1.6厘米，重3克左右。铭文旧释“贝”“哭”或“贝化”二字的古体合文，今人多倾向释“巽”。鬼脸钱在长江中下游各省均有大批出土，流通甚广，是战国中晚期楚地的主要流通货币之一。春秋战国时期，政治、经济、文化迅猛发展，在商品经济方面，最显著的特点是商业大城市的涌现和金属铸币形态的发展及大量使用。各诸侯国都有自己的钱币，如铲形金属布币、刀币、方孔圆钱等。楚铜贝“鬼脸钱”，不仅年代久远，而且是有文字的最早的金属货币，在中国钱币发展史上，占有一席重要的位置。

“殊”布也是战国中晚期的楚国货币，形态特殊，体长腰瘦，双足似燕尾垂挂；首阔呈倒梯形，上有大孔。通长约10厘米，重33克左右。背文“十货”二字，标明此布一枚值铜贝十，按铜贝一枚重3.5克计，比价亦相当。“殊”布因其独特奇丽的形制和精美古朴的篆体文字，不仅具有重要的史料价值，也具有突出的观赏价值，为广大收藏者所青睐。

楚 大 鼎

2014 年 12 月 13 日，在南京大屠杀死难者国家公祭仪式上，习近平主席同南京大屠杀幸存者代表、85 岁的夏淑琴老人和一名少先队员一起，缓步走上公祭台，为国家公祭鼎揭幕。

“古之以鼎记事，今之铸鼎铭史。”这尊高 1.65 米、重 2014 千克的三足圆形铜鼎将永久设立在侵华日军南京大屠杀遇难同胞纪念馆集会广场上。“国行公祭，法立典章。铸兹宝鼎，祀我国殇。”160 字铭文记叙了南京大屠杀的史实和国家公祭日的设立。

当日，中国邮政发行 JP195《南京大屠杀死难者国家公祭日》纪念邮资片一套 1 枚（图 4–12.7）。邮资图上展现的国家公祭鼎，庄重而肃穆。

国家公祭鼎采用“三足两耳”的器型，以在安徽寿县出土的东周时期用来祭祀的礼器、最大的圆鼎“楚大鼎”为原型，按等比例

图 4–12.7

放大铸造，保存了古代青铜器的古朴之美，放大了的器型则更加宏伟壮观。铜质的鼎身和铜质的底座重 2014 千克，石质的底座重 1213 千克，象征 2014 年 12 月 13 日，举行首次国家公祭。

楚大鼎又称“铸客大鼎”，1933 年出土于安徽寿县楚王墓，通高 113 厘米，口径 93 厘米，重约 400 千克，圆口平唇、圆底、修耳、蹄足、耳饰斜方格云纹，腹饰蟠虺纹，犀首纹膝，是我国现存的自周代以来最大的鼎。1958 年，毛泽东主席在参观这座鼎时感叹道：“好大的一口鼎，能煮一头牛呵！”这尊鼎距今已有 2500 多年历史，代表了当时我国最先进的青铜器铸造工艺。当人们站在这座鼎的面前时，凝重的文化气息便会扑面而来，一种历史的沧桑感也会在心中油然而生。

据史料记载，1933 年，寿县朱家集（今属淮南市谢家集区）李三古堆被盗，大量青铜器被文物贩子转手到天津、北京等地，在全国引起轰动。楚大鼎因体积较大、转运困难才幸免于难。当时的安徽省地方政府赶紧将李三古堆里幸存的青铜器转移到当时的省会安庆。不久，抗日战争爆发，安庆成为沦陷区，这批珍贵的青铜器等文物被水运到重庆。日本投降后，楚大鼎被运送到南京。新中国成立后，这件劫后余生的国家一级文物才重返安徽，现藏于安徽省博物馆，是省博物馆的“镇馆之宝”。

宋·青白釉注、注盌

中国邮政 1991 年 10 月 11 日发行 T166《景德镇瓷器》特种邮票一套 6 枚，6–1 为“宋·青白釉注、注盌”（图 4–12.8）。这件精美的瓷器于 1963 年在安徽省宿松县吴正臣夫人墓出土，为国家一级文物，现藏于安徽省博物馆。

注习称“执壶”，为盛酒用具；注盌为温酒用具。这件注盌，注壶高 21.5 厘米，口径 3.5 厘米，足径 9 厘米；注碗高 12.3 厘米，

图 4-12.8

口径 17 厘米，足径 9.8 厘米。从邮票中可以看出，注壶盖顶置狮形纽，肩部划花缠枝牡丹；注碗葵瓣式口，碗体呈六瓣花形；注壶与碗通体施青白釉。

宋代是中国的瓷器艺术臻于成熟的时代。在灿若繁星的宋代各大名窑中，景德镇青白瓷以其“光致茂美”“如冰似玉”的釉色名满天下。景德镇青白瓷的胎土采用当地高岭土，素白细密，洁净紧实，经过一道道繁复的工序，成就了冰肌玉骨、秀色夺人的艺术效果。烧造出的青白釉瓷器色泽莹润、清素淡雅、纯净细腻。安徽宿松出土的这件瓷器精品，可谓宋代景德镇青白瓷的典型代表，也是中国古代瓷器的冠绝之作。

徽派丹青载史册

在中华五千年文明史的长河中，江淮大地上曾创造过无数的辉煌，皖徽画风便在中国绘画史上留下了浓墨重彩的一笔，其中许多的绘画作品，也跃然于新中国的邮票和邮品之中。

石　涛

石涛（1641—约1718），清初画家。生于广西桂林，为明皇室宗亲，靖江王朱赞仪十世孙，本姓朱，名若极，字石涛。作为明皇室后裔，他在明灭亡时由侍官带出宫廷，出家为僧，自号苦瓜和尚。成年后游方海内，拜访名师，结交名士，曾长期安居宣城，晚年定居扬州，在扬州建起大涤堂。石涛擅画山水，积宋元诸家之长，画风疏秀明洁，用笔纵肆，墨法淋漓，格法多变；花卉潇洒隽朗，天真烂漫，清气袭人；人物生拙古朴，别具一格，成为震古烁今的一代绘画大师。

康熙五年（1666），石涛至宣城，先后驻于敬亭山麓之广教寺、金露庵和闲云庵等寺庙，此后数年他多次游历黄山，并将黄山的奇景绘成不少画作。从石涛抵宣城至离安徽到南京前后达15年，这一时期，对石涛来说是不平凡的。艺术上，他日臻成熟，画艺达到高峰，其画风从新安画派化出，又从黄山的实景中吸取营养，形成笔墨老到精练、气势磅礴的艺术格调。

《巢湖图》是石涛从合肥往扬州，途经安徽巢湖中庙时所绘，画面为巢湖的秀景。湖中，水波荡漾；岸边，山峦农舍；半岛上，楼阁在缭绕的云雾衬托下缥缈如仙境。楼阁的线条用凝重秀挺的中锋笔法勾出，而树木土坡又是用或湿或干的多种皴法画出，令画面具有变幻无穷的意境。整幅作品意境开阔、气势恢宏、清新自然，充溢着郁勃的生气，给人以浩荡之气，成为石涛的湖景代表作。

《人马图》是石涛寓居宣城时的作品。画中为一个戴有唐巾、牵一匹玉花骢（千里马）的男子，背景以山树衬托，上部题有长诗，整幅作品给人以明净雅洁、意境深邃之感。石涛画马极少，此图为罕见之品。画家拟通过这幅作品，表达他希望遇到伯乐的心情。

谈起石涛在中国美术史上的地位，吴冠中曾指出："中国现代美术始于何时，我认为石涛是起点。"他认为，石涛开创了"直觉说""移情说"的艺术观念，远早于西方美学有关理论。石涛的作品，全是有感而发，其感受更是直接从视觉形象中得到启示，他对形式美有独特的敏感。石涛开启了"扬州画派"，影响了"扬州八怪"，对20世纪的中国绘画也有极其深刻的影响。

中国邮政2009年3月22日发行2009–6《石涛作品选》特种邮票一套6枚。6–1为"巢湖图"、6–5为"人马图"（图4–13.1）。

图 4–13.1

黄 宾 虹

黄宾虹（1865—1955），名质，字朴存，号宾虹，别署予向、虹叟、黄山山中人，安徽歙县人，生于浙江金华。是近现代著名的国画大师，擅长山水画，兼作花鸟画，并进行绘画史论和篆刻的研究、教学，以及中国美术遗产的发掘、整理、编纂、出版工作。早年为贡生，任小官吏，后弃官参加反清活动。新中国成立后，黄宾虹任中央美术学院华东分院教授、中国美术家协会华东分会副主席、全国政协第二届委员。90 寿辰时，夏衍同志代表华东行政委员会文化局授予黄宾虹“中国人民优秀画家”荣誉奖状。1955 年 3 月 25 日，黄宾虹在杭州逝世。所藏金石书画文物 2000 余件及生前书画作品 5000

图 4–13.2

余件，全部捐献国家，现由浙江省博物馆收藏。

黄宾虹的书画艺术既保留了中国传统艺术的精粹，又得力于传统民族文化修养的内涵，同时顺应了现代艺术的潮流，借鉴吸收现代审美艺术精神的结果。这种吸收现代形式为传统所用，又赋予传统绘画以强烈的时代特色，是黄宾虹书画艺术审美形态的本质特征之所在。

在我国近现代绘画史上，有“南黄北齐”之说，“北齐”指的是居住在北京的花鸟画巨匠齐白石，而“南黄”说的就是安徽的山水画大师黄宾虹，二人被美术界并列在一起，足见黄宾虹的艺术功力和成就非同一般。黄宾虹成名相对较晚，50岁以后，他的画风逐渐趋于写实，80岁以后，才真正形成了人们所熟悉的“黑、密、厚、重”的画风。黄宾虹晚年的山水画，所画山川层层深厚，气势磅礴，惊世骇俗。这一显著特点，也使中国的山水画上升到一种至高无上的境界。

位于歙县潭渡村的黄宾虹故居，建于清中晚期。1876年黄宾虹从金华回歙县应童子试，在故里潭渡村生活了约30年。故居正屋为三开间楼屋，前有底廊和小天井，黄宾虹自题为“宾虹草堂”和“虹庐”，左廊通“冰上飞鸿馆”。屋前是小院，出左院门，为“玉森斋”，是一座三开间平房。前院有假山石块，名“石芝”。黄宾虹常在画上题“写于石芝室”或“石芝阁”，即指此处。故居现辟为“黄宾虹纪念馆”，是安徽省重点文物保护单位。

中国邮政1996年4月5日发行1996-6《黄宾虹作品选》特种邮票一套6枚，分别为“书法”“山水”“青城山中坐雨”“西泠远望”“设色山水”和“点染写花”（图4-13.2）。

汪 慎 生

汪慎生（1896—1972），名溶，字慎生，号满川村人，安徽歙

图 4–13.3

县溪头区大谷运汪满田村人。出生于浙江兰溪县，少年在钱庄当学徒时开始自学绘画，27 岁时北上到北平。他擅长翎毛、花卉，也工山水，诗书俱精。他运笔浑厚，作品苍劲、清雅、严谨，画风古朴，1934 年起，先后任教于北平京华美专、北平辅仁大学美术系。1954 年任中央美术学院民族美术研究所副研究员，1957 年任北京中国画院委员会委员、画师，是中国美术家协会会员。

汪慎生的代表作有《汪慎生画集》《中国书画》及《黄山雁荡记游册》行世。《毛泽东故居藏书画家赠品集》中收有他的《四季长春图》《花鸟图》及他与齐白石等人合作完成的《百花齐放图》《普天同庆图》《群芳介寿图》等。

中国邮政 1960 年 12 月 10 日发行特 44《菊花》特种邮票一套 18 枚，18–6“金牡丹”图案采用的就是汪慎生的作品（图 4–13.3）。

吴 作 人

吴作人（1908—1997），我国著名画家，祖籍安徽泾县，是一位学贯中西、修养极高的艺术大师，在油画和水墨画方面均有很高的造诣，曾任中央美术学院院长、中国美术家协会主席。晚年专攻国画，境界开阔，寓意深远，用笔凝练，别创一格，自成一家，是继徐悲鸿之后中国美术界的又一领军人物。新中国发行的邮票中，有几套都出自吴作人之手。

熊猫是中国特有的珍稀动物，为了宣传保护熊猫的意义，中国邮政曾 3 次发行熊猫题材邮票，每次均有吴作人的作品出现。

1963 年 8 月 5 日发行特 59《熊猫》邮票一套 3 枚，同时发行同图无齿孔票一套 3 枚（图 4–13.4）。这套邮票的图案选用了吴作人的水墨熊猫图。画家运用泼墨大写意手法，寥寥数笔，生动地勾勒出熊猫立、坐、躺的形态，吃、喝、玩的神情，将熊猫憨厚潇洒、活泼可爱的形象和性格表现得淋漓尽致。画家恰到好处地利用了宣纸渗化的特点，以饱蘸浓墨的笔融，描画出熊猫那一身绒毛的质感，十分可爱。图案边饰颇似镜框的边缘，淡雅、朴实，与画面色彩谐和，增添了视觉效果。

1973 年 1 月 15 日发行 57–62《熊猫》邮票一套 6 枚，均为“熊猫”（图 4–13.5），全部采用吴作人 1972 年绘画的水墨熊猫图，生动而逼真地表现出熊猫这一珍稀动物的生活习性和特征。原画上的题字和印章完全保留，犹如一幅幅裱过的水墨画，精美典雅，这在新中国邮票设计史上是第一次。

1985 年 5 月 24 日发行 T106《熊猫》特种邮票一套 6 枚、小型张 1 枚，小型张的熊猫图依然选用了吴作人的水墨画（图 4–13.6）。他还专门为此票题名“拯危继绝”。对此，吴先生解释说：“每一个字都有一个含义，概括起来说，就是抢救大熊猫的意思！”

图 4–13.4

图 4–13.5

中国邮政 1989 年 9 月 1 日发行 T141《当代美术作品选（一）》特种邮票一套 3 枚，3–3 为邮票“齐奋进”（图 4–13.7）。这是吴作人 1978 年创作的作品，以水墨写意笔法，展现出牦牛顽强勇敢、倔强不屈的性格，给人以刚劲之美感。画面上配以吴先生的艺术题词：“法由我变，艺为人生。”

图 4-13.6

图 4-13.7

韩 美 林

韩美林，1936 年出生，中国当代极具影响力的天才造型艺术家，在绘画、书法、雕塑、陶艺、设计乃至写作等诸多艺术领域都有很高造诣。他从中华民族传统文化中汲取精华，博采西方艺术之长，把写实、夸张、抽象、写意、工笔、印象等东西方艺术手法巧妙地融为一体，创作了大量隽永生动的陶艺、情趣盎然的绘画、狂放不羁的书法，以及气势恢宏的城市巨型雕塑等。其艺术风格独到，个性特征鲜明，创作出具有现代审美理念和国际通行语汇的艺术作品，曾多次荣获国际贡献奖，是一位享誉世界的美术大师。

韩美林虽不是安徽人，但与安徽有着不解之缘。他于 1963 年由中央工艺美术学院调入安徽轻工业局工艺美术室工作，1965 年下放

图 4–13.8

淮南瓷器厂劳动，1978 年调入安徽省美协从事专业美术创作，曾任安徽画院副院长等职，直到 20 世纪 80 年代中期离开合肥。韩美林在安徽从事艺术创作近 20 年，对安徽怀有深厚的情感，他自己曾深情地说：“安徽是我的第二故乡。”

中国邮政 1983 年 1 月 5 日发行 T80《癸亥年》特种邮票一套 1 枚（图 4–13.8）、小本票 1 本，图案是韩美林创作的一头变形小猪。他采用夸张手法，把猪画成大头小身、圆圆胖胖的形象，显得活泼

图 4–13.9

可爱。这头小猪挺胸抬头，前后腿大跨度张开，卷着细短的小尾巴，仿佛正在向前猛力奔跑，还不时地回头鸣叫，动感十足，一扫猪的蠢笨之态，精灵有趣。小猪身上的红桃绿叶非常醒目，使得画面既有传统的剪纸和皮影风格，又借桃红寓意人寿年丰，充满民间欢乐喜庆的气氛。

上面我们曾介绍过，中国邮政1985年5月24日发行的T106《熊猫》特种邮票的小型张选用的是吴作人先生的作品，而4枚邮票则采用了韩美林的画作，分别为“嬉戏”“攀登”“天趣”和“小伙伴”（图4–13.9）。细细观赏这4枚熊猫邮票，不能不为韩美林的作品称奇。画面既写实又夸张，他将传统水墨画和现代水彩效果融于一体，使那毛茸茸、富有人情味的熊猫生动可爱。

高　泉

高泉（1936—2014），安徽蚌埠人。1956年考入中央美术学院油画系，师从著名油画家董希文教授，1961年以满分成绩毕业，并留校任教。1962年参加中国人民解放军，先后在海军和总政治部从事美术创作和美术编辑工作，曾为解放军艺术学院教授，后为中国革命军事博物馆创作室主任、威海海洋画院院长，国家一级美术师。曾为中国美术家协会会员、中国美术家协会油画艺委会委员、中国油画学会理事。

中国邮政2013年11月6日发行2013–30《毛泽东同志诞生一百二十周年》纪念邮票一套4枚，4–4为“心潮”（图4–13.10）。原作是高泉创作于1977年的同名油画，他把毛泽东不同时期创作的几首诗词的内容和意境，巧妙地通过艺术的手法融于一体。

细细观赏这枚邮票，画面上，天空乌云密布，海潮汹涌澎湃，浪花飞舞四溅；主席身穿黑色风衣，背手伫立岸边，面对大海，凝神眺望，心潮逐浪。作者充分运用绘画中的厚薄、冷暖、虚实、动静等表现方法，通过对自然环境的描写去体现人物的内心世界，从而达到较强的直观感染力。此情此景，似乎表现了在波涛汹涌澎湃的大海面前，毛主席驾驭客观世界的信心和胆识，表现了他“不管风吹浪打，胜似闲庭信步”的无比豪迈的英雄气概。

图 4-13.10

儿　童　画

为迎接和纪念新世纪的到来，中国邮政 2000 年 6 月 1 日发行 2000-11《世纪交替　千年更始——21 世纪展望》纪念邮票一套 8 枚。这套邮票的图案全部采用了儿童绘画。其中，8-3“树上宫殿”和 8-7“地球变年轻了”这两幅绘画（图 4-13.11）分别出自我省淮南市李照和安庆市田园之手。“树上宫殿”表现了孩子们绿化祖国、建设美好家园的决心；“地球变年轻了”把地球当成小姑娘的头发一样打扮爱护，既天真，又实际。这两幅作品，笔触稚嫩而不拙劣，构图丰富但不繁琐，画面精彩却不杂乱，具有鲜明的儿童特色。

图 4-13.11

这两幅作品能登上国家名片，有一个不简单的遴选过程。1998年春，邮品发行部门与中华全国集邮联合会、中国邮票总公司一起进行了周密的策划。随后，国家邮政局在全国开展了“展望新世纪邮票”儿童设计竞赛活动。安徽省邮协组织了省内竞赛。经各地认真选拔，推荐了230余幅参赛图稿，专家评审后，选出10幅优秀图稿报送全国竞赛组委会。再经国家级专家评审，我省有5幅作品入围。5位小作者于1999年2月赴京，参加了由国家邮政局组织的现场作画，经最终评审，上述两幅作品荣获“展望新世纪邮票”儿童设计竞赛的最高奖“邮票设计奖”，并入选“方寸”。李照、田园两位小朋友的优异表现，为我省争得了荣誉。

徽州版画溢书香

中国的雕版印刷始于唐代，徽州的刻书业从宋代起开始兴起，至明清两代最为辉煌。在这近千年的时间里，徽州刻书业所刻书籍不计其数，益于当时，泽被后世，使得封建时代官僚体制对于知识的垄断土崩瓦解，其文化价值更是不可限量。

中国邮政 1958 年 6 月 20 日发行纪 50《关汉卿戏剧创作七百年》纪念邮票一套 3 枚、小全张 1 枚，3–1 为“蝴蝶梦”、3–3 为“望江亭”（图 4–14.1），图案采用明代徽州新安黄氏刻工为关汉卿作品刻制的插图。

《蝴蝶梦》邮票图案根据明代戏剧集子《元曲选》复制，该书为明臧懋循编订，万历四十四年（1616）刻本，黄应光、黄应瑞、黄德珍镌刻，描绘了包公梦见蝴蝶的特定情景：包公闭目搭伏在书案上，案桌上放着笔架文房四宝，窗外景色秀丽，庭内大树根边飞舞着一大三小 4 只蝴蝶，2 名侍

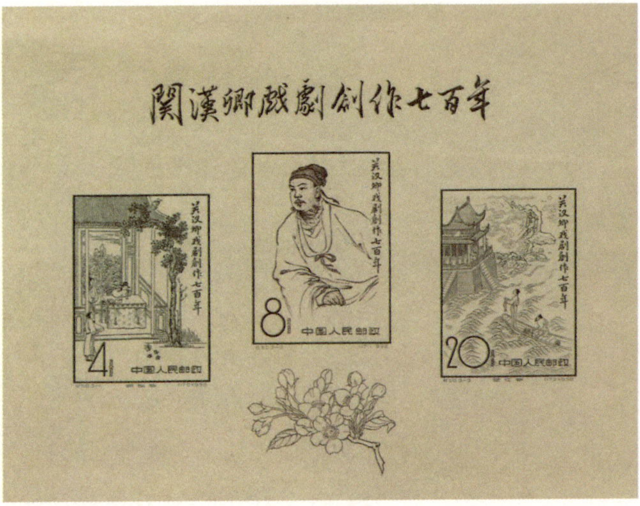

图 4–14.1

从在一旁小心侍立，展现了剧作《蝴蝶梦》的主要情节。

《望江亭》邮票图案根据明顾曲斋版《元人杂剧选》复制，该书刊于明万历年间，王骥德选编，黄一楷、黄一彬、黄一凤三兄弟镌刻。关汉卿原作写的是中秋之夜谭记儿扮作渔妇，手提鲙鱼，站在船头上，小船驶向望江亭，欲以自己的机智战胜恶霸。插图左上角亭台上的杨衙内，能隐约地显露出贪婪的色态，画面水光荡漾、富有动感，深刻表现出剧作的矛盾冲突。

中国邮政1983年2月21日发行T82《西厢记》特种邮票一套4枚、小型张邮票1枚，小型张为“拷红”（图4–14.2），主图、边纸插图的原图均为明版《西厢记》插图。《拷红》源自明刻本《李卓吾先生批评〈西厢记〉》插图，为明万历三十八年（1610）虎林容与堂刊本，无暇摹，黄应光镌刻。图绘崔老夫人坐着怒嗔，红娘跪地巧辩，莺莺门外偷听，把“拷红”场景演绎得淋漓尽致。边纸中崔莺莺头像源自明刻本《新校注古本〈西厢记〉》插图，原书刊于明万历四十二年（1614），王骥德校注，版画由钱谷原绘，黄应光镌刻。“莺莺绣像”据传是宋代发现于蒲东蒲救寺，当时由画院待诏陈居中临摹一幅。明代以后，陈氏临摹的“莺莺绣像”不断被

图 4–14.2

刊刻到《西厢记》插图之中，影响甚广。

黄应光，字观父或曰观甫，生于万历二十年（1592），卒年不详，明代万历新安（今安徽歙县）虬村著名刻工。黄氏家族从明代中期以后异军突起，世为刻工。从明正统元年（1436）到清道光十二年（1832），具有400余年的雕印历史。在中国刻书史上，尤其在中国的版画雕印史上留下了浓墨重彩的一笔。

黄应光刊刻的作品把徽派版画的精工秀丽发挥到了极致。他在迁居杭州之后结合苏杭的审美风尚，把徽派版画的精髓进一步发扬光大，变“精工”为“精巧”，这使得他的版画已经不单是作为文本的附庸，而成为一门非常成功的木刻造型艺术，具有独立的艺术欣赏价值。

赵氏书法显魅力

书法是中国特有的一种传统文化，是中华民族展示审美情趣的灿烂瑰宝，是中国向世界显示中华文化魅力的重要艺术形态。

为弘扬中国的书法艺术，中国邮政已发行了4套书法题材系列邮票，而更多的书法作品则散见于诸多新中国邮票之上。这其中就有安徽籍书法大师、卓越的佛学大师、著名的社会活动家与伟大的爱国主义者赵朴初（1907—2000）先生的墨宝。

中国邮政1980年4月13日发行J55《鉴真大师像回国巡展》邮票一套3枚（图4–15.1），每枚邮票上都印有赵朴初先生的题字："鉴真大师像回国巡展"。

中国邮政1982年11月19日发行T74《辽代彩塑》特种邮票一套4枚（图4–15.2）、小型张邮票1枚。4枚邮票的上部均印有赵朴初先生为该套邮票题名的手迹："辽代彩塑，山西大同，下华严寺"，左下方还留有印章。

图 4–15.1

图 4-15.2

细细品鉴赵朴初的书法，韵力兼备，字形流畅秀逸，笔墨洗练疏朗，秀逸中见端庄，潇洒中见法度，娟秀而不失纤弱，潇洒而不失放诞，不愧为书法精品。

在浩如烟海的中国书法长河中，赵朴初显示出他在书法领域的卓绝造诣。1977 年，北京市书学研究会成立，赵朴初即被推选为会长。1981 年，在中国书法家协会第一次代表大会上，赵朴初又当选为书协副主席。赵朴初的书法是他个人修养和人格魅力的集中体现和展示，有着文人的闲雅风致，有着佛家的禅机理趣，这些都无一例外地通过“赵书”传递出来。应该说，赵朴初的书法属于赵朴初所独有，有其鲜明的个性和魅力。

奇珍物产

天下一奇灵璧石

历朝历代，奇石都被人们所喜爱，产于安徽省灵璧县的灵璧石就是其中的佼佼者，被视为收藏赏玩的第一石种。

灵璧石为石灰质岩，形成于远古时代的地质运动，色泽黑黝或带有花纹，以色纯为上，石质坚硬，扣之有声。灵璧石实际上分为“泗滨浮磬”（今俗称“灵璧磬石”）和“灵璧石”两大类。

灵璧磬石是指产于磬云山的片状灵璧石，它可以发出悦耳的声音，厚度50厘米以上即为稀有的磬石。早在3000年以前，人们已知灵璧磬石为制磬的最佳石料，对其大量开采和利用，我国最早的地理著作《尚书·禹贡》中就有“泗滨浮磬”的记载。1950年，从河南安阳殷墟武官村一座殷王陵大墓中出土了一件迄今为止发现的形体最大的商磬。它横长84厘米、纵高42厘米、厚仅为2.5厘米，表面雕刻有一只怒目圆睁的老虎，其尾上扬，其口扩张，身躯呈匍匐状，一副猛虎扑食的架势。整个虎形纹造型优美、线条流畅，被称为“虎纹石磬”。据测定，该磬有5个音阶，可演奏不同乐曲，轻轻敲击，即发出悠扬清越的音响，专家认为它是殷王室使用的典礼重器。现收藏于国家博物馆中，为国宝级文物。直到现在，灵璧磬石也是制作乐器的上乘材料，1970年我国第一颗人造卫星上天时播放的《东方红》乐曲，就是用灵璧石所制编磬演奏的。

图 5-1.1

灵璧石除磬石外，更吸引人的还是

图 5-1.2

图 5-1.3

在灵璧县境内的分布范围更广的观赏石。观赏石又称为“奇石”“巧石”“石玩”“欣赏石”等，大都形状奇特，色泽艳丽，纹饰美观，质地坚韧，经过采集、修整或略作加工后，即可成为特殊的天然艺术品，具有很高的艺术欣赏价值。灵璧观赏石分黑、白、红、灰四大类100多个品种，其中以黑色最具特色。收藏界将它的特征概括为“三奇”——色奇、声奇、质奇，“五怪”——瘦、透、漏、皱、丑。在宋、明两代被列为朝廷贡品，清乾隆皇帝曾赞誉它为“天下第一石”。1999年，灵璧石在昆明园艺世博会上荣获金奖3枚、银奖6枚、铜奖12枚，获奖总数名列第一，越来越受到收藏者的青睐。

江苏吴江民营企业家陈金根私家园林静思园内有一块作为“镇园之宝”的灵璧石，高9.1米，重136吨，形态状如一帆，有“直挂云帆济沧海”之寓意，2001年创下灵璧石吉尼斯世界之最。它通体1600余孔窍、168个过桥洞，孔孔相通，洞洞相连；若峰底举燧，百窍生烟，如顶端注水，千泉泄玉。据考证，此石为灵璧宋花石纲老坑遗物，园主人请人在灵璧县挖了3年，动用了导弹运输车，历时55天才运到园中，令奇石收藏界人士叹为观止，著名社会学家费孝通先生题词曰“庆云峰”。

中国邮政1954年8月25日发行特9《伟大的祖国——出土文物（第五组）》特种邮票一套4枚，4–2为“石磬·商代乐器”（图5–1.1）；1986年2月1日发行T108《航天》特种邮票一套6枚，6–1为“‘乐声环宇’：东方红一号卫星”（图5–1.2）；2009年5月1日发行《中

图 5-1.4

国与世博会》特种邮票一套4枚，4-3为“1999昆明世界园艺博览会”（图5-1.3）；2003年8月1日发行PP2003-6《灵璧石——庆云峰》普通邮资明信片一套1枚（图5-1.4）。

活的化石扬子鳄

扬子鳄古称“鼍”，殷商甲骨文中就有此字，当地人称它为“土龙”。因生活在长江流域的江苏、浙江、安徽三省交界处，故称“扬子鳄”。它是我国所特有的一种鳄鱼，也是世界上最小的鳄鱼品种之一。扬子鳄是中生代残存下来的爬行动物，已生活了 2 亿年，是与恐龙同时代的动物，从它的身上可以找到恐龙类爬行动物的许多特征。所以，人们称其为“活化石”。

扬子鳄原栖于长江下游的芦苇或竹林茂密的湖泊、沟塘、沼泽中，后因居住环境遭到破坏，被迫迁移至皖南丘陵的土塘中居住。由于近百年来人类的生活不断地侵占着扬子鳄的生存空间，到 20 世纪 70 年代，野生扬子鳄数量仅有 300 条左右，濒临灭绝。1972 年，我国政府将扬子鳄列为国家一级保护动物；1973 年，联合国将它列为濒危物种和禁运物种。

为保护这一珍稀物种，1979 年，安徽省在宣城南郊建立了省级扬子鳄养殖场。1982 年，扬子鳄人工繁殖获得成功，1988 年又获新生二代幼鳄。此外，1982 年安徽省政府批准成立了安徽省扬子鳄自然保护区。1986 年，保护区升级为国家级自然保护区，更名为“安徽扬子鳄国家级自然保护区”。保护区总面积 18565 平方千米，位于宣城市宣州、郎溪、广德、泾县及芜湖市南陵等 5 区、县境。目前，保护区有人工繁育的扬子鳄 1 万余条，初步解除了该物种濒临灭绝的危险。

但由于环境污染和人为捕杀，扬子鳄野外栖息环境继续恶化，野生扬子鳄仅存 150 多条，远远少于野生大熊猫数量。2003 年以来，扬子鳄保护区每年实施扬子鳄野外放归活动，将人工繁育的扬子鳄投放野外，以复壮野生扬子鳄种群。目前，放归工作进展顺利，有望遏制扬子鳄野外种群急剧减少的势头。

中国邮政 1983 年 5 月 24 日发行 T85《扬子鳄》特种邮票一套 2 枚，分别为“雄姿勃勃”和“破壳而出”（图 5–2.1）；2000 年 2 月 25 日发行 2000–3《国家重点保护野生动物（I）（一）》特种邮票一套 10 枚，10–10 为“扬子鳄”（图 5–2.2）。

图 5−2.1

图 5−2.2

长江女神白鳖豚

白鳖豚又称白鳍鲸豚、白豚，是一种淡水鲸类动物，原属淡水豚科，20 世纪 70 年代末，根据中国科学家周开亚教授建议，单独设立了白鳖豚科。

白鳖豚仅产于长江中下游流域。早在秦汉时期的《尔雅》中，人们就记录了这一动物，定名“鳖”。长江沿岸的渔民将其称为“江猪”。白鳖豚的体型呈纺锤形，狭长的上下颌几乎等长，吻端微向上翘，背部青灰色，腹部灰白，有“长江女神”“长江美人鱼”之称。

据估算，历史上白鳖豚数量曾经有 5000 头之多。20 世纪以来，由于人类生产、生活造成的环境恶化，使得其种群数量急剧减少，不仅被列为中国一级保护动物，也是世界上 12 种最濒危动物之一。2006 年，科研工作者在长江中没有发现白鳖豚，表明在近 20 年的时间里，白鳖豚种群几近灭绝！

始建于 1985 年 9 月的铜陵白鳖豚养护场是世界上首座利用半自然条件对白鳖豚进行易地养护的场所。它位于铜陵市大通镇和悦洲与铁板洲之间的夹江上，占地面积 409 亩。夹江长 1620 米，宽 220 米，是养殖白鳖豚的理想水域。后又将枞阳县三江口至繁昌县荻港镇，全长 110 千米江域划为铜陵淡水豚自然保护区，以保护长江流域国家一、二类重点保护动物，如白鳖豚、中华鲟、江豚、胭脂鱼等。2003 年 6 月 24 日，国家环保总局批准该保护区为国家环境保护长江重点水生野生动物保护中心，保护水域涵盖整个安徽境内长江流域。

中国邮政 1980 年 12 月 15 日发行 T57《白鱀豚》特种邮票一套 2 枚，分别是“悠然自得”和“环游潜底”（图 5-3.1），同时发行小本票 1 本；2000 年 2 月 25 日发行 2000-3《国家重点保护野生动物（I）（一）》特种邮票一套 10 枚，10-7 为“白鱀豚”（图 5-3.2）。

图 5-3.1

图 5-3.2

文房四宝誉神州

笔墨纸砚是古人日常写字作画离不开的物件，合称为“文房四宝”。这四宝在国内许多地方都有出产，但汇集一地的只有安徽皖南地区，它们是宣笔、徽墨、宣纸和歙砚。

宣笔制作已有2000多年历史。据韩愈《毛颖传》记载，秦始皇二十四年（前223），秦朝名将蒙恬率军南下，途经中山（今泾县、宣城一带），见山中兔肥毫长，又盛产竹子，遂命人逮兔取毫，以竹为管制笔，世称“蒙恬笔”，亦称“秦笔”。隋开皇九年（589），宛陵改名宣州，秦笔也随之改称宣笔。唐时，宣州成为全国制笔中心，所产紫毫笔是笔中珍品。

宣笔选毫精良，毛纯耐用，刚柔适中，“硬软适人手，百管不差一”（欧阳修语），自问世起就被视为珍品，从魏晋到唐宋一直是贡品。东晋书法家王羲之、唐代书法家柳公权都曾写过《求笔帖》，分别向当时的宣笔制作名家陈氏和诸葛氏求笔。白居易写诗赞道：“每年宣城进笔时，紫毫之价如金贵。”作为宣州人，北宋大诗人梅尧臣常把家乡的笔赠给欧阳修、苏轼等名家，并留下“笔工诸葛高，海内称第一”的诗句，而欧阳修、苏轼、黄庭坚等人也都曾为宣笔写过赞美之诗。

元代，大量宣州笔工因战事南流至湖州，湖笔遂取代了宣笔的显赫地位。1949年后，宣笔生产技艺得到恢复和发展，宣笔重获新生，获得刘海粟、李可染和林散之的喜爱与称赞，并行销海内外。

墨的发明是古人对中国文化乃至世界文明的一项重大贡献。徽墨是我国制墨技艺中的一朵奇葩，其生产可追溯到唐代末期，历宋元明清而臻于鼎盛。歙县是徽墨的主要产地，旧有“墨都”之称，为全国制墨中心。南唐时，创制徽墨的奚超、奚廷珪得南唐后主李煜青睐，被赐国姓李，以示奖励，所制之墨遂名为“李墨”，当时有“千金易得，李墨难求”之说。后歙州改名徽州，所产之墨也就改称为徽墨。明清两代，徽墨名家辈出，曹素功、汪近圣、汪节庵和胡开文为清代制墨四大家。胡开文所制“地球图墨”在1915年巴拿马国际博览会上获得过金奖。

徽墨制作技艺复杂，不同流派有自己特有的绝技且秘不外传。一派中针对不同的制墨原料，也会采用不同的生产工艺，制出的徽墨具有拈来轻、磨来清、嗅来馨、坚如玉、研无声、一点如漆、万载存真的特点。

一张白纸可以用来画最新最美的图画，由此可见纸在四宝中居首要地位。造纸术是中国古代四大发明之一，而宣纸则是传统手工纸品中最杰出的代表，有“纸中之王”的美称。

宣纸产于泾县西南方的小岭一带，主要原料是当地的青檀树皮和沙田稻草，而乌溪上游的两条支流，一条淡碱性，适合原料加工，一条淡酸性，适合成纸用水。宣纸的制作过程有140多道工序，完全手工操作，无法用机制代替，相当一部分环节依靠经验掌握，甚至无法用语言文字记录传授。宣纸成品纯白细密，纹理清晰，绵软坚韧，百折不损，光而不滑，吸水润墨，宜书宜画，防腐防蛀，故有“纸寿千年”的说法。

唐时，宣纸的生产已相当繁荣，因泾县属宣州所辖，故称作“宣纸”。当时社会上已广泛使用宣纸，唐代著名画家韩滉用宣纸所绘《五牛图》，历时1000多年，依然保持着原画风貌。五代时，南唐后主李煜设立了专门制造宣纸的机构，并把一些精品宣纸贮藏在澄心堂中供皇家使用，史称“澄心堂纸”，是宣纸中的珍品。宣纸生产到明清达到鼎盛，出现了王六吉、汪同和等著名品牌，在国内外屡得大奖，远销海外。

歙砚为中国四大名砚之一，其主要制作地和成名地在歙县，故称歙砚。据记载，歙砚始于唐开元年间。随着江西婺源龙尾山发现砚石后，歙砚更为世人追捧。南唐后主李煜视歙砚为“天下冠”，在歙州设置“砚务”，命砚工李少微为“砚务官”。从此，歙砚身价扶摇直上。宋代，歙石开采规模扩大，歙砚品种增多，精砚不断涌现，其名色之多、质地之细、雕镂之工，为诸砚之冠。宋之后，歙砚生产跌入低谷。1949 年后，歙砚生产得到发展，至 20 世纪 80 年代中期后，歙砚进入全国制砚行业前列。

歙砚制作技艺以雕刻为中心，由选石、构思、定型、图案设计、雕刻、打磨、配制砚盒等多道工序构成。按石材纹理分为罗纹、眉纹、金星、金晕、鱼子五大类 100 多个品种。成品纹理细密，兼具坚、润之质，有涩不留笔、滑不拒墨的特点，被誉为“石冠群山”“砚国名珠”。

中国邮政 2006 年 9 月 10 日发行 2006–23《文房四宝》特种邮票一套 4 枚，分别为“笔”“墨”“纸”和“砚”（图 5–4.1）。邮票首发式在 2004 年被中国轻工业联合会授予“中国文房四宝之乡”荣誉称号的宣城市举行。同年 10 月 26 日，又发行绢质小版张邮票 1 张，每张含邮票 2 套。

图 5–4.1

在此之前，中国邮政 1998 年 11 月 1 日发行《文房四宝》贺年邮资明信片一套 4 枚，分 A、B 两组，A 组为国内邮资，面值 40 分，B 组为国际邮资，面值 320 分（图 5–4.2）。

图 5–4.2

乡土乡情布玩具

安徽纵跨淮河、长江两大流域，民间工艺资源丰富，南北特色各异。这些民间工艺主要传承古皖文化，品种多达 100 多种。其中选入非物质文化遗产保护国家级名录的有淮北地区的界首彩陶、阜阳剪纸，江淮之间的舒城竹编（舒席）、霍邱柳编、巢湖纸笺，江南地区的望江挑花、芜湖铁画，皖南地区的宣纸制作、徽墨制作、歙砚制作、宣笔制作、徽州漆器、徽州三雕、万安罗盘制作等。

儿童玩具是我国民间艺术的一个大类，一般以泥和布为原料制作，题材大多与民间习俗、节日和神话有关，带有浓厚的地方特色。

图 5-5

我国曾根据美术家李寸松、张仃收藏的民间玩具，于 1963 年 12 月 10 日发行特 58《民间玩具》特种邮票一套 9 枚，其中第 3 枚（图 5-5）就展现了蚌埠布驴玩具的形象。红驴和黑鸟（产于青岛）相对而立，像是在各展其喉，引吭高歌，组合得十分巧妙。

高山云雾出名茶

安徽自古就出茶，名茶好茶层出不穷。

早在唐宋两代，安徽即有茶名。“茶圣”陆羽就在《茶经》中记录当时的宣州、歙州、寿州和舒州所辖12个县皆有茶。《新唐书·地理志》有载说安徽进贡的茶叶堆在内库中，皇室用不完。唐李肇《国史补》中记载的14种贡品名茶中，就有寿州黄芽（也就是现在的霍山黄芽）。诗人李白曾有诗赞六安茶曰：“扬子江中水，齐山顶上茶。”北宋年间，官府在淮河以南所置的13个茶场中，安徽就有6个，几乎占了半壁江山。

到了明清时期，安徽茶事又迎来了一个新高峰。安徽茶行遍布神州大地，名茶不下十余种，现在安徽的名茶，如六安瓜片、黄山毛峰、太平猴魁、祁红等，都是出自这一时期。

图 5-6

明清两代，六安茶皆是贡品。明代科学家徐光启在《农政全书》里称“六安州之片茶，为茶之极品”。六安瓜片出现在清中叶，是由六安茶中的“绿大茶”演变而来。《红楼梦》有80多处提及该茶，“妙玉品茶”一节写得更是让人难忘。六安瓜片的外形似单片瓜子皮，自然平展、叶缘微翘，色泽宝绿，大小匀整，不含芽尖、茶梗，具特殊的色、香、味、形，是中国十大名茶之一。

皖南徽州地区因土壤、气候条件，更是名茶迭出。

清光绪元年（1875），“谢裕大茶行”创始人谢正安（1838—1910，徽州漕溪人）集多年种、采、制茶之经验，率家人在歙县富溪村创制出“白毫披身，芽尖似峰”的“毛峰”茶。后来毛峰产地扩展到整个黄山南北麓，“毛峰”也改名为“黄山毛峰”，是中国十大名茶之一。

太平猴魁创制于清末，为尖茶的魁首，又首创于太平县猴坑，故定名为“太平猴魁”。此茶采摘之考究，标准之严格，在我国名茶中亦属魁首。采摘时间为谷雨前后至立夏，采茶在晴天进行，上午采，中午拣，下午制。每朵茶都是两叶抱一芽，俗称“两刀一枪”；成茶扁平挺直，魁伟壮实，色苍绿匀润，叶脉绿中隐红，俗称“红丝线”；品饮做到“头泡香高，二泡味浓，三泡四泡幽香犹存”。

祁门红茶是中国十大名茶中唯一的红茶，产自祁门县。清光绪初年，因国际茶叶市场绿茶销路不畅，余干臣、胡元龙等人借鉴闽红创制红茶成功。一经问世，即以超凡出众的品质蜚声中外。成品祁红，外表色泽乌润，条索紧细，锋杪秀丽。汤色红艳透明，叶底鲜红明亮。其最具魅力的是香气，国内外茶师称为砂糖香或苹果香，并带有兰花香，被誉为“祁门香”，祁红也由此名列世界三大高香红茶之首。

其他的安徽名茶还有屯溪绿茶、霍山黄芽、岳西翠兰、泾县特尖、涌溪火青（泾县）、敬亭绿雪、石台雾里青等。

中国邮政 1997 年 4 月 8 日发行 1997–5《茶》特种邮票一套 4 枚，4–2 为“茶圣”（图 5–6）。

特色果珍享盛名

安徽境内，水果品种丰富多彩，是人们离不开的美味食品。

中国邮政 2014 年 7 月 15 日发行 2014–15《水果（一）》特种邮票一套 4 枚，分别是石榴、苹果、桃和金橘（图 5–7.1）。这 4 种水果在安徽都有栽植，怀远石榴是其中最负盛名者。

石榴（图 5–7.2）原产古波斯，辗转来到中国西部、西南部。据传，怀远在唐代时开始栽植石榴。到清代，怀远石榴已享誉四方，包括荆山、涂山在内，石榴园面积在 5000 亩以上，数量达 25 万株以上，年产 100 万千克左右。《怀远县志》记载：“榴，邑中以此果为最，

图 5–7.1

图 5-7.2

曹州贡榴所不及也。红花红实，白花白实，玉籽榴尤佳。”曾作为贡品进贡皇宫。

怀远石榴色彩艳丽，果形端正，籽粒饱满，风味佳美，有十几个品种，以皮薄、粒大、味甜著称，百粒重、可食率与含糖量高，品质名列全国各大石榴产区之首，远销东南亚和欧洲地区。怀远石榴适应性强，繁殖容易，在隙地、沙滩、丘陵、庭院均可生长，被引种到俄罗斯、保加利亚等国。1990 年，北京亚运会将怀远石榴作为主要绿化树种之一予以栽种。

怀远石榴不仅供鲜食，也可加工成果汁、果酒，该县在世界上首创石榴酒，1998 年获得国际食品博览会金奖。

同样是由西传入我国的核桃，在安徽省内主要分布在皖南山区和皖西大别山区。

宁国栽培山核桃历史悠久，据明嘉靖《宁国县志》记载：“宁国山多，初生未去皮似桃，故名。”宁国山核桃籽大壳薄，果粒均匀，核仁肥厚可口、含油量高。加工后，果仁清脆可口，含有多种营养元素，具有润肺滋养、开胃养颜、乌须黑发之功效。每年的白露，山民早出晚归，上山采撷山核桃，民谣曰：“白露到，竹竿摇；满地金，扁担挑。”

1996年，宁国获“中国山核桃之乡”称号。2002年，宁国举办了“中国第一届山核桃节”。2005 年宁国山核桃被列入国家“原产地域产品保护”名单。宁国核桃籽大壳薄，核仁肥厚，其果仁含有 9% 左右的蛋白质和 17 种氨基酸、20 种矿物元素，具有极高的营养价值。

中国邮政 2007 年 8 月 28 日发行 PF203《宁国山核桃》普通邮资信封一套 1 枚，邮资图为宁国山核桃和山核桃节徽（图 5-7.3）。

安徽出产的水果还有砀山酥梨、萧县葡萄、歙县枇杷、水东蜜枣（宣城）等。期待着它们以后能有机会登上国家名片，一展各自风采。

图 5-7.3

图书在版编目(CIP)数据

邮票里的安徽 / 本书编委会编. —合肥：黄山书社, 2016.11
ISBN 978-7-5461-5886-0
(品读安徽文化丛书)

Ⅰ.①邮… Ⅱ.①本… Ⅲ.①邮票-中国-图集 ②安徽-概况
Ⅳ.①G262.2-64 ②K925.4

中国版本图书馆 CIP 数据核字(2016)第 284980 号

出 品 人 王晓光
项目统筹 张向奎
责任编辑 张向奎 屠 涛
装帧设计 钱志刚
出版发行 时代出版传媒股份有限公司(http://www.press-mart.com)
黄山书社(http://www.hspress.cn)
地址邮编 安徽省合肥市蜀山区翡翠路 1118 号出版传媒广场 7 层 230071
印 刷 安徽联众印刷有限公司
版 次 2018 年 4 月第 1 版
印 次 2018 年 4 月第 1 次印刷
开 本 700mm × 1000mm 1/16
字 数 165 千
印 张 12.75
书 号 ISBN 978-7-5461-5886-0
定 价 38.00 元

服务热线 0551-63533706

销售热线 0551-63533761

官方直营书店(http://hsssbook.taobao.com)